自治体の
会計担当になったら読む本

宮澤正泰 [著]

学陽書房

はじめに

　本書を手にしていただいた読者の皆さんは、自治体の会計部門(主に会計課)に配属されて自治体の会計担当者になった職員の方だと思います。あるいは、各課の会計担当者になった方ではないかと思います。
　本書は、会計課に配属された若手の職員を主な読み手としてイメージしていますが、会計に携わるすべての職員にも役に立つような自治体の会計の基礎知識やノウハウをお伝えします。
　では最初に、会計担当者にぜひ覚えてほしい3つのポイントを紹介したいと思います。

①目指そう！　いつもニコニコ会計のプロ集団
　〜顔は笑顔で、心は鬼となり、砦を守る〜
　会計課は、他の課よりずっとニコニコしていなければなりません。なぜなら、会計課に伝票を提出に行く場合や会計課職員に何かを質問するときに多くの職員は緊張するからです。会計課では、「○○の書類がありませんよ」「明細書の金額が違いますよ」など指摘を受けますが、会計課職員も忙しかったりすると、親切な対応ができない場合もあります。しかし、こうして悪い印象を会計課に持たれてしまうと、巡り巡って自治体財政の危機となることもあります。会計課ではあたりまえのことであっても、会計課に来る特に若い職員などはわからないことが多くて当然です。そういった職員に対して、「ニコニコ」対応が大切なのです。
　ただし、笑顔で対応する中にも、時には鬼のように厳しい対応をすることが大切です。それが、会計課に与えられた最後の砦を守る(自治体財政を守る)という使命です。

②「会計大事なり」

　皆さん、坂本龍馬をご存知ですよね。この坂本龍馬が会計に関する言葉を残しています。「是ヨリ天下ノ事ヲ知ル時ハ、会計尤モ大事也」という言葉です。この言葉は日本公認会計士協会東京会がキャッチコピーとしてPRしており、内容をわかりやすく次のように伝えています。

　「新しい国をつくる時、坂本龍馬は土佐藩の重臣、後藤象二郎に手紙を書きました。財政担当には、会計に精通している福井藩士、三岡八郎（由利公正／後、東京府知事）を採用すべしと。」

　実態を把握して、明日へのビジョンを描ける者こそリーダーに立つべきであると、龍馬は考えたのです。国の財政を考えるとき、事業を展開するとき、「会計　もっとも大事なり」はいまも本質をついているように感じます。ぜひ、この仕事に誇りを持ってください。

③育もう豊富な知識とプロ意識

　「いつもニコニコ会計のプロ集団」になるには、「会計大事なり」を理解することとあとはなにが必要でしょうか？　それは、豊富な知識を身に付けることです。会計課職員は財務全般の広い知識を身に付けるための勉強が必要です。特に、重要なのは、大局的な視点を身に付けていく中での、詳細な地方自治法などの解釈や通達を理解することです。このような知識は先輩や同僚に聞くこともできますが、自分で根拠を調べると理解が深まります。それにあたっての参考書として「地方自治小六法（学陽書房）」を手元において、詳細は「逐条地方自治法（学陽書房）」を直にあたっていただければと思います。

　この本は、以上の3点の大切さを伝えるとともに、特に3点目の「知識を育む」ため役立つように作りました。悩んだときすぐ手に取れるよう、引き出しに入れておいてくださいますように。

2018年9月

宮澤正泰

自治体の会計担当になったら読む本 ●目次

はじめに……………………………………………………………………… 2

第1章 会計担当の仕事へようこそ

1 会計担当とは誰だろう ………………………………………………… 8
2 役所のお金の流れ ……………………………………………………… 16
3 会計担当者の仕事とは ………………………………………………… 20
4 会計担当の1日のタイムスケジュール ……………………………… 22
5 会計担当の年間スケジュール ………………………………………… 25
6 伝票審査の心構え ……………………………………………………… 30

第2章 支出事務のポイント

1 会計年度 ………………………………………………………………… 36
2 会計期間 ………………………………………………………………… 39
3 支出負担行為 …………………………………………………………… 42
4 支出負担行為兼支出命令決議書 ……………………………………… 46
5 履行の確認 ……………………………………………………………… 48
6 請求書の要件 …………………………………………………………… 52
7 支出命令 ………………………………………………………………… 55
8 支出の原則 ……………………………………………………………… 58
9 支出の特例 ……………………………………………………………… 63

10	支出の予算科目	72
11	請求書の不備	87
12	支払遅延防止法	90
13	食糧費の執行	92

第3章 収入事務のポイント

1	収入と収入事務	96
2	収入事務の流れ	97
3	調定	100
4	収納	104
5	その他の収入事例	109
6	収入の予算科目	115

第4章 公金管理のツボ

1	金融機関の指定	122
2	現金出納検査及び公金の収納等の監査	125
3	一時借入金	127
4	現金及び有価証券の保管	129
5	公金管理方針	132

[第5章] **契約の進め方**

1. 契約概説……………………………………………………………… 146
2. 随意契約ガイドライン………………………………………………… 150
3. 契約事務のポイント…………………………………………………… 163
4. 契約事務の法体系……………………………………………………… 170

[第6章] **公会計制度改革を知ろう**

1. 新公会計制度を理解しよう…………………………………………… 178
2. 複式簿記の3つの基本ルールを覚えよう…………………………… 189
3. 新公会計制度の財務書類の見方……………………………………… 193
4. 財務分析に必要な指標を理解しよう………………………………… 198

第 1 章

会計担当の仕事へ
ようこそ

1 ◆会計担当とは誰だろう

▶▶ 会計はお金を管理すること

　会計担当はどんなイメージでしょうか。「電卓ばかり打っている人」「お金に厳しく几帳面な人」などと思うかも知れません。いずれにせよ会計担当とは「お金を扱う人」というイメージだと思います。

　飲食店などで、お金を払うことを「お会計」ともいうことから、会計という言葉には馴染みがあると思います。

　飲食店の場合、飲食を提供したことによりお金を受け取ります。これは金銭取引になります。この取引を記録したり、お金の残高を記録したりすることによってお店のお金を管理することができるのです。

▶▶ 企業と自治体の会計の違いとは

　会計はお金を管理するだけではありません。企業の場合は利益を獲得することが目的ですので、儲かったかどうかの計算をします。そのためにも会計が必要になります。企業の場合はお金だけでなく「売掛金」といった将来お金になるものを含めて計算するために、**「発生主義会計」** という考え方で複式簿記による会計処理を導入しています。

　自治体の会計はそれとは違い、お金の入金と出金を記録する **「現金主義会計」** ともいわれています。家計簿や小遣い帳などと同じともいえます。これはお金の使い道をしっかり管理するための制度です。

　自治体は、企業と違って儲けが目的ではありません。自治体の目的は「住民の福祉の向上」です。そのために道路や公園の整備を行っています。

自治体は、そうしたお金の使い道（これを予算という）の範囲内でお金を支出しています。自治体も財源確保のために収入確保を心がけているのはいうまでもありません。

▶▶ 財政担当と会計担当の違いは

自治体職員の仕事の中で、花形の仕事はなんでしょうか。

よく、「財政課」を希望する職員がいます。たしかに財政課は、自治体全体の財政運営を司る「予算の査定」という仕事があります。要するに、お金の使い道を決めることができる一翼を担っているので、ある意味優越感があるのかもしれません。自治体は予算準拠主義といわれていることからも、そう思われがちです。そういうことから、財政課以外の所管でも、事業を執行するための予算は重要視されています。

一方、会計課の仕事は、予算で決められたお金の使い道をチェックする、どちらかというと縁の下の仕事です。同じように、すべての担当課の庶務関係の職員も予算に基づいた事業費の執行、つまりお金の支払いについて伝票を起票しています。

本書では、「会計」の重要性を含めて、会計担当になってよかったと感じてもらえるよう、会計担当の仕事を紹介していきましょう。

▶▶ 会計と経理はどう違うのか

民間の企業では、経理課という部署があると思います。自治体では、公営企業以外では経理課という部署ではなくて、「会計課」「会計室」「出納室」などの組織になっています（本書では「会計課」で説明をする）。

なぜ経理課がないのかというと、自治体は「会計」と「財政」の仕事を分けているからです。この「会計」と「財政」を一緒にした組織が民間企業の経理課だと考えるとわかりやすいでしょう。

図表1-1　会計・財政・経理の関係

$$\boxed{会計} + \boxed{財政} = \boxed{経理}$$

　どうして違うのかというと、企業と自治体の仕事の目的が違うことが大きな要因だと思います。自治体は住民の方からの税金などを財源としてお金の使い道を決めます。これを予算といいますが、この仕事を財政部門で行います。そのお金の使い道をチェックするのが会計部門です。このようなチェック機能をもたせるため、財政部門と会計部門が分かれています。
　一方、企業の場合は、利益を上げることが目的です。そのために、財政部門と会計部門が一緒の経理課の方が便利なわけです。

▶▶ 自治体の会計担当者とは

　自治体の会計担当者は、会計課に配属された職員を指すことが一般的ですが、この「会計」とはお金の流れ全体を示すこともあります。
　少し視点を変えて説明をしたいと思います。子どもが親から小遣いをもらって、お菓子を買った事例をイメージしてください。この事例を自治体が予算で車を買う場合に置き換えて説明していきたいと思います。

ステップ①…お小遣いの額を決定／予算を決定
　家庭では、定期的に子どもに渡すお小遣いの金額を決めていますが、自治体では首長が決めています。自治体の場合は首長が決めた金額＝予算について議会で承認をとる必要があります。

ステップ②、③…お小遣いでお菓子を買う／予算で公用車を買う
　お小遣いをもらうということは「お金」をもらうということです。子どもはこのお金でお菓子を買います。これを自治体が予算で公用車を買う場合に置き換えてみると、非常に複雑な過程があるのです。

図表1-2 自治体と家庭のお金の流れ

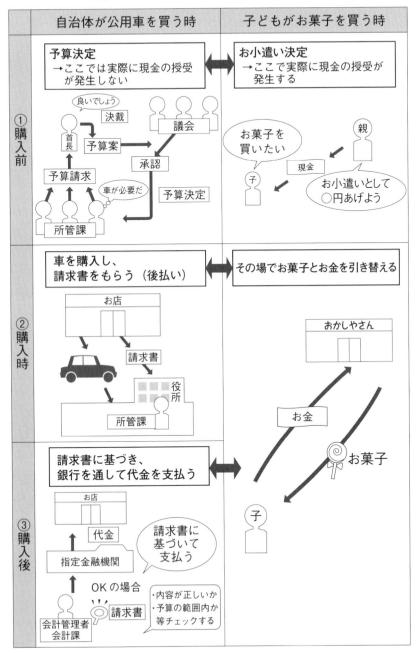

大きな違いはモノをすぐには買えないところです。

まず、車を買ってもいいですかということを「予算」の配当があった「所管課」（⇒家庭で考えると子どもということになるのでしょうか）が「首長」（すべてが首長ではなくあらかじめ委任されていれば課長等になる）に「決裁」をもらいます。このことは**「支出負担行為」**といわれています。このときにどんな車をいくらで買うか、それが「予算の範囲」であるかを確認して決めていきます。この手順を経てから、所管課は車が買えます。

また自治体は、「後払い」が原則になっていますので、車を買ったらお店から「請求書」をもらい、請求書に基づき、後日支払うことになります。この車の代金を払ってくださいと指示することを**「支出命令」**といいます。すなわち、「所管課」が車を買ったのだから、お店にお金を払ってくださいと「首長」が「会計管理者」に対して命令することです。その後、請求書の内容が正しいのか、予算の範囲であるかなどを会計管理者の組織である「会計課職員」が審査します（ここの審査をするところが狭義の意味での「会計担当」ということになる）。

ここで、この事例に限らず、お金を払ったりお金をもらったりするのは会計管理者が行うのですが、当然、すべてを会計管理者が行うことはできません。したがって、これらの事務を行うことのできる職員を、「出納職員及び出納職員事務委任表」（P.14の図表１－４参照）で定めています。現実的には現金での収受は少なく、「指定金融機関」等によりお金の送金や収受が行われています。先ほど説明した「出納職員」は「会計機関の会計職員」ということになります。名称は自治体によりさまざまです。

本書においては、筆者の所属していた千葉県習志野市の事例から具体的な内容について解説をしていきたいと思います。基礎的自治体の組織は大きな違いはありませんが、都道府県、東京都の区、町や村などはその規模により違いがあります。

習志野市では会計担当を出納職員と呼んでおり、その中で「出納員」と「分任出納員」に区別しています。地方自治法では出納員以外の呼称

として、「現金取扱員」、「物品取扱員」、「会計員」としての例示があります。このことを踏まえて自治体の会計担当を取り巻く組織について説明していきましょう。

▶▶ 自治体の会計担当者を取り巻く組織

自治体の会計課に配属された会計担当者の上司は「課長」ですが、この課長は自治体の「長の組織」の中での役職です。会計担当の組織は、長の組織と違う会計組織として存在します。地方自治法においては、自治体の会計事務を司る者として会計管理者1名を置くものと定められています。会計管理者の事務を補助する職員として「出納員」が置かれています。この出納員は課長であることが通常です。つまりこの出納員の他の会計職員が、会計課に配属された職員という身分になります。

わかりにくいと思いますが、会計事務の会計機関は図表1-3の下部のとおりです。

図表1-3　自治体の組織図（例）

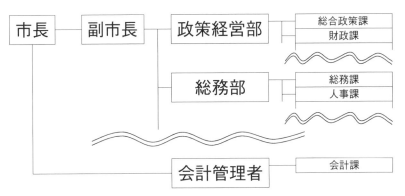

これは習志野市の組織図の抜粋です。市長から副市長、そして各部長のラインが市長部局の指示命令ラインになります。具体的に説明しますと市長⇒副市長⇒政策経営部⇒総合政策課というのが流れであり、実際の業務にあたり、「決裁」（民間では稟議）は総合政策課長⇒政策経営部

長⇒副市長⇒市長ということになります。

　この図では、市長から会計管理者にラインがあります。これは市長から副市長へのラインと違うことがわかると思います。ここで、会計管理者は市長から辞令を受けますが、組織としては会計管理者をトップとする組織が会計機関の組織ということになります。

　会計課に配属された職員は、地方自治法上の「会計管理者の補助職員」です。習志野市の場合は図表1－4のとおり課長を「出納員」、その他の職員を「分任出納員」としています。市長部局の職員も現金の収納をすることがありますので、課長を出納員、課長が委任した職員を分任出納員としています。図表1－4の政策経営部の総合政策課の職員は市長部局の職員であると同時に、総合政策課で所掌に係る市刊行物の販売代金の収納をすることができる分任出納員であるということです。

図表1－4　出納職員及び出納職員事務委任表（例）

課及び出先機関等		出納員		分任出納員	
		充てる者	委任事項	充てる者	委任事項
会計課		課長	1　市税その他収入金の収納　2　収納金の還付及び支出金の支払	会計課に属する職員	当該出納員の事務に同じ
政策経営部	総合政策課	課長	所掌に係る市刊行物の販売代金の収納	総合政策課に属する職員	当該出納員の事務に同じ
	財政課	課長	1　所掌に係る市刊行物の販売代金の収納　2　所掌に係る寄附金の収納	財政課に属する職員	当該出納員の事務に同じ

　会計担当をとりまく組織がなんとなく理解ができたかと思います。市の公金を取り扱うことができる金融機関を、指定金融機関等として自治体は登録をしています。市のメインバンクは「指定金融機関」として指

定します。この金融機関を含めて会計機関をまとめると、図表1－5のとおりとなります。

図表1－5　会計機関

会計機関	会計管理者(地方自治法170)	出納員（地方自治法171）
	会計職員 (地方自治法171)	現金取扱員
		物品取扱員
		会計員
	指定金融機関等 (地方自治法施行令168)	指定金融機関
		指定代理金融機関
		収納代理金融機関

　会計職員はその職種により、現金を取り扱う**「現金取扱員」**、物品を取り扱う**「物品取扱員」**、会計課職員を**「会計員」**との呼称が一般的です。習志野市は「現金取扱員」「物品取扱員」「会計員」を「分任出納員」という呼称で統一しています。

　指定金融機関は、先ほどの説明のとおりです。**指定代理金融機関**とは、指定金融機関以外に収納事務と支払事務を代理する金融機関です。**収納代理金融機関**は、収納事務のみを代理する金融機関です。習志野市では支払事務は、指定金融機関のみとしています。他の金融機関は、収納代理機関ということで収納事務のみを行っています（本書P.123参照）。

2 ◆役所のお金の流れ

▶▶ お金って何？

　お金とは、一般に「現金」ということになると思います。現金とは、一般的に現金通貨のことを指します。現金通貨とは、日本を例にすると、日本銀行券の紙幣と政府発行の硬貨です。多額の現金を手元に置くことは、紛失や盗難のリスクがありますので、現在は金融機関を指定してお金を預金として預けていることが一般的です。

　自治体は、銀行の口座でお金を管理しています。この銀行は、自治体のメインバンクということで「指定金融機関」と呼ばれています。

　この指定金融機関の口座の名義は誰でしょうか。それは、会計管理者の名義です。その自治体の長だと思うかも知れませんが、お金は会計管理者が管理しているので、どの自治体も会計管理者名義の口座に振り込まれたお金が、自治体のお金ということになります。

　つまり自治体のお財布は、指定金融機関の銀行口座ということになります。

▶▶ 自治体のお財布にお金が入ってくるときの流れ

　自治体の収入に関するお金の流れをみていきましょう。具体的な事務の流れや言葉の説明は後ほどしますので、ここではイメージをつかんでもらえれば大丈夫です。

①収納金の所管課が、納入義務者に納入通知書を発送します。
②納入義務者は、金融機関等で支払いをします。
　→この場合、収納代理金融機関であれば、日本国内のどこでも支払うことが可能です。
③収納代理金融機関は、すべての支店で納入したことの証明である「納入済通知書」や必要な書類を整理して、指定金融機関まで納入済通知書や必要書類を届けます。
④指定金融機関で、収納代理金融機関の納入済通知書や必要書類の点検と資金との突合をし、収支日計表を作成します。
⑤会計課は、納入済通知書等および収支日計表の点検をして、財務会計システムに入力をします。
⑥会計課から、収納金担当課に納入済通知書等を送付します。
⑦収納金の所管課は収納消込作業を実施し、督促状等の発送などの準備をします。

図表1-6　お金が入ってくる流れ

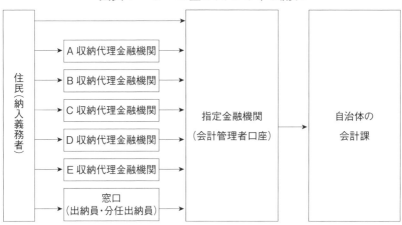

▶▶ 自治体がお金を支払うときの流れ

次に、自治体の財布からお金を支払う場合を説明します。

ここでは、職員の賃金である給与を例にとって説明します。給与の支払いには、労働基準法第24条で、賃金は、通貨で、直接労働者に、その金額を、毎月1回以上、一定に期日を定めて支払わなければならない、という定めがあります。

この規定からすると、給与は職員に現金で支給しなければいけないということになります。実際、昭和の時代は給料が現金支給だった頃もありました。この時代を知っている職員は少ないですが、給料袋へお金をつめる作業などは大変な作業ですから、今は、職員の同意が得られれば本人口座への送金が認められています。同意が得られない職員がいる場合は、その職員に現金支給をしなければなりません。

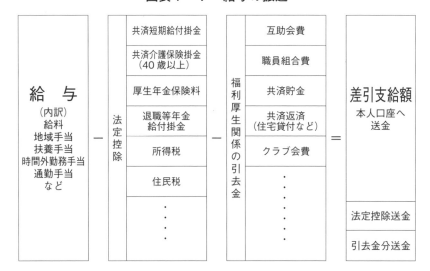

図表1-7　給与の振込

給料の明細を見てもらえればわかりますが、共済関係の社会保険料・所得税・住民税などが差し引かれていますよね。これは法令の定めで認められていることから「法定控除」といいます。

例えば、職員の給与から差し引いた（「天引き」という）住民税は、職員からの「預り金」として、別枠で会計管理者の口座で管理しています。住民税は、職員の住民登録地（正確には当該年度の1月1日現在）の自治体に、給与の支給日の翌月10日までに納入しています。所得税も、翌月10日までには税務署あてに同じように送金しています。法定での天引きではありませんが、職員の福利厚生などの天引きは職員の同意を得て認められています。

　会計課では、給与の支払いひとつとっても、職員の口座へ送金する、税金などは預かり期日までに送金する、福利厚生関係などは指定された口座へ送金するなどの支払業務をしています。現金での直接支給ではなく、金融機関を経由しての手続きです。この送金にかかる手数料なども、指定金融機関に無料もしくは低額な料金で対応してもらっているのが通常です。

3 会計担当者の仕事とは

▶▶ 会計管理者の仕事

　会計担当者の仕事は、「会計管理者の仕事を補助すること」です。他の部署の仕事は自治体によって様々ですが、会計管理者の仕事は地方自治法第170条に根拠があり、ある意味、仕事内容も明示されています。
　そこで地方自治法の内容を説明したいと思います。会計管理者の職務権限は、7つが例示されています。

①現金の出納及び保管を行うこと
　現金の出納および保管は毎日行う必要があります。現金を支出したり、受け入れたりするのは会計課の重要な業務です。

②小切手を振り出すこと
　現在は、日本国内の金融機関相互の内国為替取引について、全銀システムと呼ばれるコンピュータと通信回線でオンライン処理を行えるようにした手形交換制度があるため、小切手の振り出しはあまりないかもしれません。

③有価証券の出納及び保管を行うこと
　有価証券は、頻繁に購入や売却をするわけではありませんので、購入時に台帳にしっかり記帳し、随時の監査の際、現物と台帳を見せることができればよいです。
　有価証券の保管も、会計課内の金庫や指定金融機関の貸金庫などで保管しておけば問題ありません。

④物品の出納及び保管を行うこと

　物品の出納や保管が会計管理者の業務とされたのは、地方自治法が昭和38年に改正され、従来長が作成していた「財産に関する調書」を会計管理者が「会計帳簿」として管理するようになったからです。使用中の物品については、使用職員が保管の責任を負います。

⑤現金及び財産の記録管理を行うこと

　現金の記録管理を行うこととは、1日の現金の収入と支出を記録することです。④での物品の出納を含め、「財産に関する調書」の作成の基礎となる記録管理を行います。

⑥支出負担行為に関する確認を行うこと

　これは、担当課が起票した支出負担行為の内容を確認して、債権者に支払いをすることです。この業務が会計課のメイン業務です。このため、会計課の職員は、審査係などと呼称されている場合が多いです。

⑦決算を調製し、これを普通地方公共団体の長に提出すること

　決算の仕事は、財政担当の仕事と思っている方もいると思います。ここでの決算は簡単に言えば、「会計帳簿をまとめたもの」です。

　すなわち、日々の処理の日計表、1か月分をまとめた月計表、1年分をまとめたものが決算書類（①歳入歳出決算書、②歳入歳出決算事項別明細書、③実質収支に関する調書、④財産に関する調書）です。

4. 会計担当の1日のタイムスケジュール

▶▶ 支出事務の流れ

それではここで、会計担当の1日のタイムスケジュールを見てみましょう。

①各担当課から伝票の提出

各担当課の庶務の職員が会計課執務室内にあるかごに伝票を提出します。急ぎの伝票は職員に直接手渡しをします。

②伝票の受付

伝票に会計課での受領印を押して、内容ごとに区分けします。

③伝票の区分け

支払日ごとに分けたり、賃金などの特殊なものを別にしたりと区分けします。

④担当者が伝票のチェック

伝票の内容をチェックします。担当者は赤鉛筆でチェックします。

⑤係長・課長が決裁

係長・課長が決裁をします。重要な伝票は会計管理者もチェックします。

⑥決裁済伝票を区分け

決裁が終わった伝票は支払内容ごとに区分けします。

⑦支払内容を支払日ごとに区分け

支払内容別の伝票を支払日ごとに整理します。

⑧支払いの決裁

支払日ごとの伝票について公金支払の会計管理者決裁後公印を押印します。

⑨支払いごとの処理

システムによる入金処理や納付書の内容を再度チェックします。

⑩指定金融機関に書類を渡す

指定金融機関の派出所の行員に送金関係の書類を渡します。

▶▶ 収入事務の流れ

①指定金融機関から書類の受理

指定金融機関の派出所の行員から日計表や公金の納入関係の書類を受け取ります。

②納入書類を区分け

納入関係の書類を確認しながら財務会計システムに入力をします。

③収入票の作成

財務会計システムに入力した内容を収入票として出力します。

④日計表の作成

指定金融機関が作成した日計表と財務会計システムに入力した日計表を確認します。

⑤担当課に回付

担当課に納入済通知書と収入票を渡します（担当課は入金の確認作業を行う）。

⑥伝票を編綴する

伝票を支払日ごとに整理をします。後日、監査事務局による監査を受けます。

5 会計担当の年間スケジュール

▶▶ 会計課の1年

　会計課の1年とは、決算の調製のための1年であるといえます。財政担当は予算がメインですが、会計担当は決算がメインです。ですから、最終的な決算書、特に「決算事項別明細書」を作成するための1年であるともいえます。

　決算事項別明細書は、当該年度の自治体の活動を、現金というお金を通して客観的に示しています。このために、毎日「伝票」という多量の書類を審査してきたのです。それこそ、1枚1枚の伝票から、決算書がつくられ、やがてそれが自治体の歴史となっていきます。その決算書を、毎年8月末までに作成するため、1年間のスケジュールの中では決算の時期である4月から8月が繁忙期となります。

　決算時期が繁忙期であるもう一つの大きな要因は、自治体の**会計期間**は、**4月1日から翌年3月31日まで**で、3月31日までに発生した債権債務を整理する期間である**出納整理期間**が、**4月1日から5月31日まで**あることです。このことから、4月と5月は2か年分の伝票の処理が求められます。併せて、4月は人事異動や新規採用職員の配置があります。

　したがって、出納整理期間の時期は会計課にとって一番忙しい時期となるのです。

　会計課の1年のスケジュールで、決算書類の業務が遅れることは許されません。特に、決算書類の期日に遅れた場合の責任として、期限を遅延したことは職務怠慢であり、その責を免れないとの判例もあります。

　期限に遅れないことは当然ですが、その内容については日々の審査の積み重ねであるともいえます。

図表1-8 会計課の年間スケジュール（例）

月				
4月	・新年度スタート（職員の辞令交付） ・現金保管調べ ・例月出納検査	出納整理期間 4月1日～ 5月31日		・集中支払日 ・集中支払日 ・集中支払日
5月	・現金保管調べ ・例月出納検査	出納閉鎖 5月31日		・集中支払日 ・集中支払日 ・集中支払日
6月	6月議会	・現金保管調べ ・例月出納検査	決算書等作成スケジュール 図表1-9参照 （本書P.29）	・集中支払日 ・集中支払日 ・集中支払日
7月		・現金保管調べ ・例月出納検査		・集中支払日 ・集中支払日 ・集中支払日
8月		・現金保管調べ ・例月出納検査	決算書等を長に提出 期限8月末日	・集中支払日 ・集中支払日 ・集中支払日
9月	9月議会	・現金保管調べ ・例月出納検査		・集中支払日 ・集中支払日 ・集中支払日

10月	・現金保管調べ ・例月出納検査		・集中支払日 ・集中支払日 ・集中支払日
11月	・現金保管調べ ・例月出納検査		・集中支払日 ・集中支払日 ・集中支払日
12月	12月議会 ・現金保管調べ ・例月出納検査	・予算の内示	・集中支払日 ・集中支払日 ・集中支払日
1月	・現金保管調べ ・例月出納検査	・指定金融機関等の検査	・集中支払日 ・集中支払日 ・集中支払日
2月	・現金保管調べ ・例月出納検査		・集中支払日 ・集中支払日 ・集中支払日
3月	3月議会 ・現金保管調べ ・例月出納検査	・予算の議決 ・予算の成立の通知	・集中支払日 ・集中支払日 ・集中支払日

会計課の業務内容

それではここで、図表1-8に出てくる文言を確認していきましょう。

現金保管調べ（毎月）

この調べは、地方自治法で「例月出納検査」とされているものです。監査委員の補助職員が、現金保管の状況を確認します。

例月出納検査（毎月）

まず、監査委員の補助職員による支出負担行為などの伝票や証拠書類などを確認する予備調査を受けた後、検査月の月計表などの書類の内容を、会計管理者が監査委員に説明します。

集中支払日（毎月）

支払日を原則、月に3度（上旬・中旬・月末）設定し、その日を「集中支払日」として事務の合理化を図っています。

指定金融機関等の検査（1月）

会計管理者は、指定金融機関や収納代理金融機関に対して、定期的および臨時に、公金の収納または支払いの事務および公金預金の状況を検査しなければならない義務があります。習志野市では、指定金融機関に対しては毎年、収納代理金融機関は5年に1度実施しています。

予算の議決（3月）

来年度の予算が3月議会で承認されます。来年度のスタート準備です。

予算の成立の通知（3月）

地方自治法施行令第151条の規定により、長は会計管理者に予算の成立の通知をしなければなりません。習志野市の財務規則では、当該予算が成立した旨およびその日付を通知することになっています。この通知によって新年度がスタートとなります。

図表1-9　決算書・事項別明細書作成スケジュール（平成28年度）（例）

日	曜日	財政課	会計課	各課
5月27日	土			
5月28日	日			
5月29日	月			最終処理伝票
5月30日	火			
5月31日	水	繰越処理	均等割付入力	出納整理期間　終了
6月1日	木			
6月2日	金		5月31日の収入入力完了	
6月3日	土			
6月4日	日			
6月5日	月		5月31日の収入票を各部に配付	均等割付入力をある程度終えてから1回目の印刷をすること
6月6日	火		集計データをまわし、事項別明細書印刷（1回目）	
6月7日	水		各課校正依頼（1回目、13日まで）	事項別確認
6月8日	木			
6月9日	金		振替伝票等受付期限	
6月10日	土			
6月11日	日			
6月12日	月		決算最終数値確定	
6月13日	火	備考欄入力	修正箇所入力	
6月14日	水		剰余金処分振替伝票受付期限（6/1付け）	
6月15日	木			
6月16日	金		事項別明細書印刷（2回目）	
6月17日	土			
6月18日	日			
6月19日	月		各課校正依頼（最終、21日まで）	事項別確認
6月20日	火			
6月21日	水		最終チェック修正箇所入力	
6月22日	木			
6月23日	金		事項別明細書印刷（3回目）	
6月24日	土			
6月25日	日			
6月26日	月		ページ振り及び決裁	
6月27日	火	会計課より事項別受理	事項別に財政課へ	
6月28日	水			
6月29日	木	事項別明細書　監査へ（7部）		
6月30日	金			
7月1日	土			
7月2日	日			
7月3日	月			
7月4日	火			

6 ◆ 伝票審査の心構え

▶▶ 伝票の審査で押さえておきたいこと

　ここでは、会計担当者になった方、あるいは会計課に配属になった方、各課の伝票を決裁する方など、すべての方に知っておいてほしい内容を「伝票の審査」としてまとめてみました。

①法令に違反していませんか

　法令とは法律、政令、自治体の条例や規則などのことで、それに違反した伝票はだめということです。この部分は、経験を積んでいくことで身につけていってもらいたいと思いますが、図表1-10を参考にしてみてください。

図表1-10　主な法令の例示

法令名称	内容
地方自治法・地方自治法施行令・財務規則など	法令に従った処理なのか
所得税法	源泉所得税の対象なのか、対象なら税率は何％か
消費税法	税率はどう定まっているか、非課税の対象なのか
印紙税法	印紙税の対象の契約書なのか
政府契約の支払遅延防止等に関する法律（支払遅延防止法）	支払期日は適正か

②予算の定めるところになっていますか

「予算の定めるところ」とは、地方自治法第232条の3（支出負担行為）で示されている下記のことなどです。実際には、所管課で「予算措置」されている内容であること、その予算内であること、この2点を特に確認することになります。

図表1－11　「予算の定めるところに従い」とは

○	支出科目が設定されているのか
○	支出科目の予算の範囲内であるのか
○	支出の内容が支出科目の目的に適合しているのか
○	金額の妥当性はどうなのか
○	今、支払うべきものなのか
○	支出の原因となる行為自体がそもそも必要なのか

③債務が確定していますか

支出をする場合に、前述の①法令と②予算に違反していないことが前提条件となります。その次に重要なポイントは、債務が確定していることです。

図表1－12　債務の確定

予算の内容	債務の確定	確認するために必要な書類
物品の購入	物品の納品を確認したとき	納品書
修繕など	修繕の終了を確認したとき	完了届
役務の提供・委託料・工事など	作業や工事の完了を確認したとき	完了・作業報告書など

④請求書は正当債権者からのものですか

法令と予算に違反していない、債務も確定しているという要件が満たされた場合に、お金を正当債権者に支払うことになります。物品の購入と交換に現金を渡す場合には問題にならないと思いますが、請求書に基づいて支払う場合には、物品を購入した所管課が認識している相手方の名義の口座に送金するのが一般的です。

⑤**会計年度・予算科目・金額・債権者をもう一度確認しましょう**

　図表1-13は伝票の一部ですが、この中の項目を確認するのが審査業務の内容です。

　この事例は、ペイジー（Pay-easy）という支払システムを利用するにあたり、日本マルチペイメントネットワーク推進協議会に年会費10万円を支払う内容です。予算どおりの執行であるかは図表1-14で確認することができます。この伝票に添付する請求書は、図表1-15となります。金額や債権者などを確認後に、支払予定日の4月27日に支払うことで審査が終了です。その後、図表1-16の領収書が4月27日付で送付されます。送金での支払いの場合は領収書が省略されるのが一般的です。

図表1-13　支出負担行為兼支出命令決議書（抜粋）

会計年度		平成29年度	予算区分	0 現年度
科目	会計	01 一般会計		
	款	02 総務費		
	項	01 総務管理費		
	目	06 会計管理費		
	事業	010000 会計課事務費		
	節	19 負担金補助及び交付金		
	細節	01 負担金		
	細々節	01 各種協議会負担金		

予算現額	100,000円	控除額系	＊＊＊＊＊＊＊＊＊＊＊円
予算残額	0円	今回支出命令額	100,000円
支出命令済額	100,000円		

債権者	支払方法	11 伝送口座振替	支払予定日	平成29年4月27日
	住所	東京都千代田区×××		
	番号/氏名	省略		
	銀行/口座	省略		
	口座名義人	省略		

図表1-14　歳出予算（抜粋）

会計：01　一般会計　　　所属：090000 会計課　　　担当者：○○○　内線：×××

（単位：千円）

款	02 総務費	項	01 総務管理費	目	06 会計管理費
大事業	01 会計課事務費	中事業		小事業	

節	細節	細々節	本年度当初要求額	本年度当初確定額	積算基礎等	（単位：円）
19		負担金、補助及び交付金	100	100	日本マルチペイメントネットワーク推進協議会　100,000円	100,000
	01	負担金	100	100		
		01 各種協議会負担金	100	100		

図表 1 - 15　請求書（例）

請　求　書

平成 29 年 4 月 7 日

習志野市（千葉県）御中

東京都千代田区○○○町○―○―○

日本マルチペイメントネットワーク推進協議会事務局

事務局長　○○　○○　㊞

1．ご請求金額

　　　￥１００，０００－（平成 29 年度　特別会員年会費として）

2．お支払い期限

　　　平成 29 年 5 月 31 日

3．お振込先

　　銀 行 名　　○○○銀行　○○○支店

　　口座番号　　普通預金　○○○○○○○

　　口座名義　　日本マルチペイメントネットワーク推進協議会　事務局長○○

　　　　　　　　カナ名（ニホンマルチペイメントネットワークスイシンキョウギカイ　ジムキョクチョウ・・・）

　　※　振込手数料は貴団体にてご負担願います。

　　※年会費につきましては消費税課税対象外です。

図表1-16 領収書（例）

領 収 書

平成29年4月27日

習志野市（千葉県）御中

　　　　　　　　　　日本マルチペイメントネットワーク推進協議会事務局

　　　　　　　　　　　　　　事務局長　○○　○○　㊞

領収金額

￥１００，０００－

平成29年度会費として

上記正に領収いたしました。

34

第 2 章

支出事務の
ポイント

1 ◆会計年度

▶▶ 会計年度とは

　自治体の会計年度は、自治体の収入および支出を区分整理するために設けられている一定の期間であり、毎年4月1日に始まり、翌年の3月31日に終わります（地方自治法第208条第1項）。
　会計年度を人為的に区切ることにより、以下の効果が見込めます。

①財政的な計画を立てることができる
②経済的な活動（行政活動）を行うことができる
③その実績を明確にすることができる

　つまり、自治体の収入および支出を区切る期間があることにより、予算の編成および執行上の効力を持つことができるのです。この期間を「会計年度」といいます。

▶▶ 会計年度独立の原則

　会計年度の収入と支出は、原則として他の会計年度にまたがらないというのが「会計年度独立の原則」です（地方自治法第208条第2項）。
　地方自治法では「会計年度における歳出は、その年度の歳入をもって、これに充てなければならない」との規定になっています。
　わかりやすく言うとすれば、お小遣いを毎月もらっている子どもが、その月はその限られたお金でやりくりをするというようなものです。
　この考え方は、予算に関する大原則です。すなわち、自治体の会計年

度として、一定の期間を定めている以上、その期間において発生した収入と支出は、この期間内に整理し、完結しなければなりません。

このため、①本年度の歳出を翌年度の歳入から支出すること、②本年度の歳入を翌年度の歳出の財源に充当することは、歳入歳出の均衡や、財政自体の計画や統制を確保するために設けられた「会計年度」の趣旨を逸脱することになります。

▶▶ 会計年度独立の原則の例外

ただし、「会計年度独立の原則」を貫くことは、自治体の財政にとって不便・不経済になるなど実状に即さない場合があります。そこで、財政の効率的な運用を図る目的で、認められている例外として次のものがあります。

①継続費の逓次繰越し（地方自治法施行令第145条第1項）

ここでいう「継続費」とは、大規模な建設事業などで、あらかじめ事業の実施が2か年以上に渡ることが確実な場合に、全体の事業費と、各年度の事業費をあらかじめ予算で定めておくものです。

継続費の逓次繰越しは、その年度ごとの予算のうち何らかの事情でその年度内に支出を終了することができない経費について、翌年度以降に繰り越して使用することが認められたものです。

②繰越明許費（地方自治法第213条）

道路の用地交渉が難航するなど、年度内の買収契約が成立せずに翌年度に渡ってしまう場合があります。そのとき、翌年度1年間に限り特別に、その経費をあらかじめ確保しておいて、翌年度に契約成立後に支出するなどのように繰り越して使用することが認められたものです。

③事故繰越し（地方自治法第220条第3項但書）

震災などの突発的な事案により、年度内に支出が終わらなかった場合に、翌年度に予算額を繰り越して使用することが認められたものです。

④過年度支出及び過年度収入（地方自治法第243条の5、地方自治法施行令第160条・165条の8）

過年度支出は、債権者の請求がなかったなどの理由で支払いができなかった場合に、前年度以前の年度に属する経費を現年度の予算をもって支払うことが認められたものです。これは本来あってはならないことですので、習志野市では財務規則で市長決裁としています。

同様に、過年度収入は、前年度以前の年度に属する収入を現年度の歳入として収納することが認められたものです。

⑤歳計剰余金の繰越し（地方自治法第233条の2）

その年度の歳入決算額から歳出決算額を差し引いたものである**歳計剰余金**（決算剰余金ともいう）は、その1／2以上の額を積み立てるか、地方債の繰上償還（満期日前に返済すること）の財源にあてなければならないことから、会計年度独立の原則の例外ということになります。

⑥翌年度歳入の繰上充用（地方自治法施行令第166条の2）

予期せぬことなどから、その年度に収入する予定であった歳入を確保できず、歳出に対して歳入が不足する場合に、会計年度が経過した後に翌年度の歳入でその不足部分を補填することが認められたものです。

2 ◆会計期間

▶▶ 会計期間とは

会計期間とは、自治体の場合は、予算で認められた金額の支払期間であるといえます。

本来であれば3月末までに現金の支払いを終了しなければならないのですが、出納整理期間という独自の考え方（修正現金主義）を採用しています。

図表2-1　会計期間のイメージ図

図表2-1を見ると、4月と5月が2か年度の会計期間に含まれていることがわかると思います。出納整理期間の4月と5月の債権債務の整理は、3月31日の処理とみなしています。

▶▶ 出納整理期間

年度末までに収支の原因が発生したものは、原則として、そのすべてをその年度の収支として整理しなければなりません。

しかし現実に、3月31日までに発生した事実に対して、3月31日までに現金の収納を行い指定金融機関にて出納事務を完了することは不可

能です。そのため、年度経過後、特別に未収未払の整理期間を設ける必要が生じました。この期間を「出納整理期間」といいます。

例えば、「ある年度の予算で車を購入し、3月20日に納車を確認しました。その車の代金は翌年度の4月20日に支払いました」という場合を考えてみましょう。

この場合はどちらの年度で車を購入したことになるのでしょうか。

自治体の場合は、日本国憲法第85条を法的な拠り所とする予算準拠主義の考え方から、予算措置をしていないと車の購入はできません。

この事例では、予算措置をされている年度に車の購入をして、納車を確認しています。ただ、お金の支払いが翌年度になってしまったということです。現金主義会計なら、翌年度の会計年度で購入したことになります。そうなると、予算措置された年度の翌年に購入したことになってしまいます。自治体の会計は「単年度会計」というルールがあるので、困ったことになります。

そこで必要になったのが「出納整理期間」という考え方です。現金主義では矛盾してしまう会計処理の部分を、出納整理期間という魔法の期間を設けることで解決をしたといえます。

▶▶ 出納閉鎖

前会計年度終了後、翌年度の4月1日から5月31日まで2か月間を、終了した前年度分についての「出納整理期間」とし、その末日である5月31日を「出納閉鎖日」としています。出納整理期間は、現金の未収および未払を整理する期間であるため、歳入の調定および支出負担行為などは3月31日までに終わらせている必要があります。

▶▶ 所属年度

会計年度と出納整理期間を理解した上で、覚えてほしいのは「所属年度」です。

自治体の収入および支出は、いずれの会計年度に属するのかを区分さ

れる必要があります。

　収入・支出が、一会計年度内に原因の発生から収支手続終了までのすべてを完結できれば、会計年度所属区分に問題はありません。しかし現実には、1つの会計行為が2か年度に渡って連続した場合、どちらの会計年度に所属するかを明らかにするために、基準が必要となってきます。

　会計年度の考え方の基準は、原則として「発生主義」をとりますが、予算・決算については「現金主義」が採用されています。これを調整するために、出納整理期間の収受は前年度に帰属しています。

　ただし、出納閉鎖後の収入・支出については、決算数値を遡って修正するのではなく、例外的に「現金主義」を採用し、その時点の年度に帰属する処理とします。

図表2－2　発生主義と現金主義による年度の扱い方

発生主義	債権・債務の関係が発生した日の属する年度
現金主義	現実に現金を収納または支出した日の属する年度

※官庁会計は現金主義会計といわれていますが、会計年度については発生主義の考え方が採用されています。この点が、官庁会計の理解しづらいところです。

▶▶ 会計の区分

　会計の区分は通則として設けられ、「一般会計」と「特別会計」に区分されていますが、経理の複雑さを避けるためには、会計は単一であることが望ましいといえます。しかし、別個に独立した会計によって処理をするほうが合理的であるとの考えで、一般会計とは別に特別会計を設けています。

　一般会計とは、自治体の基本的な経費を網羅的に計上した会計で、特別会計に計上される経費を除くすべての経費を処理することとされています。

　特別会計とは、特定の収入を充てて事業を行う国民健康保険事業や介護保険事業等の場合、経理を明確にするために一般会計と区分して経理するために設置する会計です。

3 ◆ 支出負担行為

▶▶ 支出負担行為とは

　支出負担行為とは、自治体の債権者に対する支出の原因となるべき契約その他の行為をいいます（地方自治法第232条の3）。要するに、自治体が債権者に対してお金を払う理由の根拠が支出負担行為です。
　具体的に、支出の原因となる行為は次のとおりです。

①私法上の債務を負担する行為（物品購入等）
②公法上の債務を負担する行為（補助金等）
③自治体の不法行為に基づく損害賠償の支出を決定する行為
④給与その他の給付の支出を決定する行為
⑤各会計間の繰入を決定する行為

　すなわち、支出負担行為は「支出負担行為⇒支出命令⇒支払」という予算執行のための事務手続であり、これをせずに支出することはできません。

▶▶ 支出負担行為の原則

　原則は、次の4項目にまとめることができます。

①法令等に違反していないかを確認
　・法令等で義務付けられた支出であるか
　・法令等において定められた支出であるか

・法令等において制限または禁止された事項にかかる支出ではないか

②**予算に基づいているかを確認**
　・執行する予算科目があるか
　・その科目の予算の範囲内であるか
　・予算の目的に適合しているか

③**予算執行計画に準拠して行う**
　・1年間の予算執行計画の中で、いつどのように予算執行することになっているかを確認する

④**予算の目・節の区分に従って行う**
　・経費の区分ごとに、あらかじめ規定されたそれぞれの目的に合った時期に整理しているかを確認する

▶▶ 支出負担行為を整理する時期

　支出負担行為は、債務を確定する時点において未払金の把握と支出経理の基礎を明確にし、予算の執行を統制しようとするものです。
　それぞれの支出目的ごとに、いつの時点で、支出負担行為の経理をするのかの基準が必要になります。
　これは、それぞれの支出目的（支出科目）に基づき、その時期および範囲等を自治体の財務規則などで定めることが一般的です。
　自治体の規模や組織などにより財務規則の詳細の規定は違う場合もありますが、基本的な考え方は同じです。ここでは習志野市の財務規則を参考に紹介します。この内容は重要な部分ですので、読者の皆さんはご自分の自治体の規定を確認してください（習志野市財務規則第59条別表第3および別表第4〔後掲図表2－16（P.81）、図表2－17（P.86）〕を参照）。
　例えば、請求書が郵送で送られてきた場合の支出負担行為の整理の時期などもこの財務規則に基づきます。支出負担行為を整理する時期が

「請求のあったとき」のもので、請求書が郵送で送られてきた場合は、請求書を受理した日の文書収受印を押印し、その日をもって支出負担行為を整理するのが一般的ですが、こうした細かなことまで各自治体の財務規則に定められています。

▶▶ 支出負担行為として整理する時期の例外

当該年度の予算で執行するものは、当該年度中（3月31日まで）に支出負担行為を整理しなければなりません。すなわち、出納整理期間の支出負担行為については認められないことになります。

ただし、光熱水費の場合など、請求を受けなければ債務額がわからないものについては、出納整理期間中に請求があっても、対象となる事業自体が3月31日までに完了している場合は、支出負担行為を行うことができます。

このことは、財務規則などで定めるのが望ましいと考えられています。

■習志野市財務規則別表第3（第59条関係）（抜粋）
備考
1　支出決定のとき又は請求のあつたときをもつて整理時期とする支出負担行為で、これに基づいて出納整理期間中に支出すべき経費に係るものについては、当該支出の出納整理期間中において整理することができるものとする。
2　〔略〕

▶▶ 支出負担行為の決議

予算執行者は、支出負担行為の内容に応じた整理時期に、この支出負担行為における予算執行者の意思決定を明確にするとともに、予算執行の経理上の把握のため、支出負担行為の内容を示す書類を添えて、支出負担行為決議書を起票し、定められた決議をしなければなりません。

ここでいう予算執行者とは、長または長から支出負担行為の事務を委

任された者になります。また、支出負担行為の内容を示す書類としては、支出負担行為の内容および支出負担行為の積算根拠を明確に表すものが想定されます。

すべての業務に通じることですが、添付にふさわしくない書類として以下のものがあります。

①鉛筆や消えるボールペン等の、記述事項を消せる筆記用具を使用した文書、メモ書きや付箋への記入の書類
②保存のきかない書類（感熱紙の類）
③直接的に関係のない書類

決議をするのに充分な内容（書類）とは何かを考えるとともに、支出の証拠書類の保存期間（自治体により異なるが5年が標準）および情報公開を勘案した書類を作成し添付する必要があります。

支出負担行為の決議の内容は市長部局でなされるもので会計課には関係はないように思えますが、支出負担行為の内容を確認する側として理解する必要があります。

▶▶ 支出負担行為の会計管理者事前審査

地方自治法では、会計管理者における支出負担行為の事前審査は制度化されたものはありません。ただし、「支出負担行為のうち重要なものについては、会計管理者に事前に合議することが適当である」との考えで財務規則等で定めて運用している自治体もあります。

習志野市では、従来から重要なものは事前審査をできる規定がありましたが、重要なものの判断が明確でないことに加えて、内部牽制の強化と適正な出納事務を徹底するために、副市長以上の決裁を受けるものについては、あらかじめ、その内容を記載した帳票類を会計管理者に回付し、支出負担行為が法令または予算に違反していないことについて審査を受けなければならないとしました。これにより、平成29年度に財務規則を一部改正して運用しています。

4 支出負担行為兼支出命令決議書

▶▶ 支出負担行為兼支出命令決議書とは

　多くの自治体で、支出負担行為と支出命令が同時に整理できる伝票を使用しています。この伝票の呼称は、自治体によって異なっています。本書では、**支出負担行為兼支出命令決議書**とします。

　このような同時整理の考え方はある意味、矛盾を含んだ制度なので、自治体によって差異があるかもしれません。例えば、習志野市の考え方は、以下のとおりです。

　支出負担行為兼支出命令決議書という制度は、財務会計の電算化および伝票事務の効率化を図る目的で例外的に認められた制度です。

　しかしながら、「支出負担行為日」と「支出命令日」の原則的な考え方による処理を行うべきという考えから、発注から納品請求まで同日内で行った場合という制約を設けていました。このことは実状にそぐわず、特に出納整理期間中において、支出負担行為兼支出命令決議書が使用できないことによる煩雑な処理をしてしまったり、または支出負担行為兼支出命令決議書を使用するために、3月まで遡っての起票をしてしまい、月次の決算数字に影響を及ぼしてしまったりといった状況も生じました。

　このため、帳票区分表において認められたものは、支出負担行為兼支出命令決議書として同時に整理できるものとして、同日に整理できないものであっても同日に整理したと認めることにしました。具体的に図にしてみると次のようになります。

図表2-3　支出負担行為兼支出命令決議書による同時整理の具体例

3月15日	見積書の受取日 消耗品の発注日	支出負担行為日
3月29日	納品書の受取日 納品検収日	（※）納品検収日は、年度の判断となるので、当該年度で処理する場合には、3月31日までに行う必要がある
4月5日	請求書の受取日 伝票（支出負担行為兼支出命令決議書）の起票日	支出命令日（※）同時整理
4月19日	支払日	（※）支払日は、日計表・決算書などの基礎となる日付

　3月15日に、消耗品の見積書を受け取り、予算の範囲内であることを確認したので発注した場合は、この日は**支出負担行為日**となります。

　3月29日に、発注した消耗品が納品されたときには、納品書を受け取り、発注した消耗品であるかを確認すなわち「検収」をします。

　4月5日に、業者からの請求書を受け取り、伝票の起票した場合は、この日が支出命令日となります。

　本来であれば、3月15日に支出負担行為の伝票を起票し、4月5日に支出命令の伝票を起票すべきですが、この2枚の伝票を4月5日に、支出負担行為兼支出命令決議書とすることで、同時整理を認めたものです。なお、支出負担行為日が3月15日である旨を手書きで支出負担行為兼支出命令決議書に付記する処理も併せて行っています。

5 ◆ 履行の確認

▶▶ 履行の確認の必要性

　工事の完成もしくは作業その他の役務の給付、または物品の購入の対価として支出するためには、必ず「履行の確認」をしなければなりません。履行の確認を行わなければ、支払うべき事実が確定していないことになり、支払う時期も到来していないことになります。
　支出をする上で、履行の確認をすることは非常に重要です。この履行の確認行為が次に述べる**検査（検収）**です。

▶▶ 検査（検収）とは

　工事もしくは製造その他の請負契約、または物品の買入れその他（役務の提供を含む）の契約に基づいて、契約の相手方が契約の目的物を給付するにあたって、その品質、規模、性能、数量等が契約内容どおりに履行され、かつ適合しているかを自治体において確認する行為のことをいいます。
　確認する範囲や金額要件は自治体により異なりますが、ここでは習志野市での取扱いを紹介します。

①**検査が完了したことを示す印（検収印）が必要なもの**
　・物品購入の納品書
　・食糧費・賄材料の請求書（納品書のある場合はその納品書）
　・10万円以下で請書を省略した場合の修繕料の請求書
　・役務費の請求書（電話料を除く）

※例外：不動産鑑定料の納品書の場合、所属長の完了確認が必要
・使用料および賃貸借料の請求書（下水道料を除く）

　上記の場合で、支出命令決議書に添付する証拠書類が、債権者から金融機関への支払いに使用する請求書兼領収書や払込書（納付書）のため伝票に糊貼りできない場合は、直接、支出命令決議書の摘要欄に検収印を押印します。例えば、日本電信電話（株）への物品購入・修繕・リース料の支払いで毎月の電話料に含まれて請求された場合が、これにあたります。

②検収印が不要なもの
・検収そのものが履行の確認を意味するので、①のうち、支出の特例（資金前渡、概算払、前金払）等により支出するもの
・新車購入時のリサイクル料金、情報管理料、資金管理料

▶▶ 完了報告書等とは

　完了報告書、完了届、作業報告書等は、債権者からの業務・作業の終了の通知を意味するものです。これらの書類をもって履行の確認をすることにより、債権者に対する債務が確定するという意味で、とても重要なものです。

①履行の確認行為として、完了報告書等の提出を必要とするもの
・請書（契約書を省略した場合の誓約書のようなもの）のある修繕料
・委託料
・工事請負費
・一部契約上で完了報告書の提出が義務付けられている役務費、使用料および賃貸借料

②完了報告書等がある場合の履行の確認方法
・歳出予算の11節（修繕料）、12節、13節、14節、15節（完成通知

書がある場合は除く）で、完了報告書等により、履行の確認をするものについては、様式の有無にかかわらず、図表２－４の要領で記載することが実務上想定される。
・17節、22節については、完了報告書等の書類の提出、または完了報告書等の書類の提出がない場合には請求書に図表２－４の要領で確認をする自治体が記載し、履行の完了をした旨を確認する必要がある。

図表２－４　完了報告書（例）

```
平成××年×月×日                 所属長  係長   係

          ○○○○○の完了を確認しました。
                                    △△△△課　課長　□□　□□　㊞
```
　　　↑
業務内容によって該当する事業の名称を記載する。

【例】（修繕の場合）　市庁舎玄関タイルの修理の完了を確認しました。
　　　（委託の場合）　市庁舎警備委託業務○月分の完了を確認しました。

※支出にかかる証拠書類は原本の添付が原則です。

　ただし、例外もあります。証拠書類のうちでも、完了報告書等は、担当課保管する場合です。
　会計管理者が行う支出命令の審査権のうち、債務が確定しているか（履行の確認がされているか）どうかの確認は、非常に重要な点であり、書類を審査する上で、完了報告書等の証拠書類の確認が必要です。
　このため、やむを得ない場合を除き、完了報告書は必ず添付する必要があります（担当課で保管をする必要がある場合は、一度会計課へ提出してもらい、支払後に返却するなど、実施方法を会計課と協議することが望ましい）。
　なお支出の証拠書類については、自治体の規程により異なりますが、一般的には５年間保存です。契約書は10年以上の保存の自治体もあると思われます。担当課保管とした場合についても、会計課の支出の証拠書類の保存期間と同様の期間の保存が必要です。

▶▶ 履行の確認の時期

　履行の確認は、債権者の履行確認の通知を受けた日から、いつまでに行わなければならないということを決めておく必要があります。一般的には、工事については14日以内、その他の給付については10日以内に行わなければならないとしています。

　また、物件の使用料等、契約期間中に継続的に行われているものについては、その内容が月単位の場合の履行の確認の日付は、その月の最終日もしくは翌月の日付となります。

　ただし、同様の場合で、債務の内容が年度単位の場合の履行の確認の日付は、その年度の最終日でなければならず、翌年度の日付とはなりません。これは歳出の会計年度所属区分に基づくもので、当該年度の歳出予算により執行する場合は遵守しなければなりません。

　なお、当該年度の予算で執行する場合の、執行内容別による履行の最終確認日は、図表2-5のとおりです。

図表2-5　履行を確認する時期

執行内容	履行を確認する書類	履行を確認する時期
物品の購入	納品書	3月31日
修繕費	完了届（図表2-4の場合など）	
役務の提供	完了届・作業報告書など	
委託料	完了届・作業報告書など	
工事請負費	完了届・完成通知など	
補助金	実績報告書	

※履行を確認する書類の提出日は、履行を確認する時期の日付と同日か、それ以前の日付となります。

　このうち、補助金の場合は、補助を受けた団体が3月末までの事業実績について4月以降に決算の承認を受ける場合があることから、5月31日の出納閉鎖日までを履行を確認する時期とする場合もあります。これは、3月31日までに支出が確定したことが条件です。

　書類上は実績報告書によって履行の確認をすることになっています。実務上は無理ですので日付を遡って処理しています。ただし、法人などで無理な場合は例外を認めています。

6 ◆ 請求書の要件

▶▶ 正当債権者からの適法な請求書の要件

　正当債権者とは、法令や契約等に基づき支出の相手方として正当な請求権を有する者です。

　以下の①から⑦までの要件を備えることで、正当債権者とみなすことができます。

①その紙が請求書であることの明示
②債務者の表示（宛名）※自治体の長の宛名であること
③請求年月日
④債権者の表示・住所氏名ならびに押印（法人にあっては、法人名および代表者の氏名）
⑤債権の内容
⑥請求金額
⑦正当債権者の名義および口座情報

▶▶ 請求書を省略できる場合

　以下の場合は、請求書を省略することができます。

①報酬、給与、職員手当等、共済費、賃金、その他の給与金
②償還金、利子および割引料
③報償費のうち報償金および賞賜金（しょうしきん）
④扶助費のうち金銭でする給付

⑤官公署の発する納入通知書その他これに類するものにより支払うべき経費
⑥公共料金等一括支払（口座振替の方法により支払うものに限る）による光熱水費、通信運搬費、使用料および賃借料、扶助費
⑦過誤納金および還付加算金
⑧①～⑦に掲げるもののほか、自治体が申告納付する経費、請求書を徴しにくいもので、支払金額が確定している経費およびその性質上請求を要しない経費

請求書に使用する印鑑について

法人の場合…法人の代表者として登記所へ届け出ている印

　法人が債権者である場合、実際に請求行為をするのは法人の代表機関である代表取締役となるので、その印が最低限必要です。

個人の場合…印鑑登録の届出印

　使用される印鑑は、債権債務にかかる事故が発生した際、債権者から提出された書類が有効な書類かどうか判断するために、当該債権者の正式な印鑑と認められるかどうかが重要です。

　したがって、通常、日々の契約で同一の印鑑の使用で問題なく完結している場合は、その同一の印鑑であることを確認します。

請求書の訂正

　債権者からの請求書とは、その請求書が正当債権者が発行したものであり、正当債権者の意思が正しく表れたものでなければなりません。

　金額およびその他の訂正についても、それが、正当債権者の意思に基づき訂正されたものであることが確認される方法であれば、訂正は可能です。

　その正当債権者自身の意思に基づくものかどうかの判断の基準として、契約の際に使用した印鑑による訂正に限り、認められます。ただし、主たる金額の訂正はできません（習志野市は特に厳しく、規則によ

り規定しているが、慣習上は正規な方法での訂正印による処理は認められている）。

　また、第三者の手による訂正（砂消しゴム、修正液等）で修正することは絶対に認められません。この行為は「私文書偽造等」にあたります。

■**刑法第 159 条**
　　（私文書偽造等）
第 159 条　行使の目的で、他人の印章若しくは署名を使用して権利、義務若しくは事実証明に関する文書若しくは図画を偽造し、又は偽造した他人の印章若しくは署名を使用して権利、義務若しくは事実証明に関する文書若しくは図画を偽造した者は、3 月以上 5 年以下の懲役に処する。
2　他人が押印し又は署名した権利、義務又は事実証明に関する文書又は図画を変造した者も、前項と同様とする。
3　前二項に規定するもののほか、権利、義務又は事実証明に関する文書又は図画を偽造し、又は変造した者は、1 年以下の懲役又は 10 万円以下の罰金に処する。

7 支出命令

支出命令とは

　自治体の長が、当該自治体の歳出につき、債務が確定した内容について、その支出を会計管理者に命令することを**支出命令**といいます。これは、予算執行機関の代表（長）から、出納その他の会計事務の機関の代表（会計管理者）への命令行為になります。

　これに対し会計管理者には、独立した権限として**支出命令審査権**が与えられています。

　自治体の支出に関する事務、すなわち命令系統に属する事務については、執行機関である長に、出納系統に属する事務については会計機関である会計管理者に、それぞれ分立することによって、内部牽制が図られています。

支出命令審査権

　長と会計管理者を分立し、内部牽制の趣旨に基づいて設けられたのが、「支出命令審査権」です。それにより、会計管理者は、長の命令がなければ支出をすることができませんが、命令があっても、以下のことを確認しなければ、支出することはできません。

①当該支出負担行為が法令または予算に違反していないこと
②当該支出負担行為にかかる債務が確定していること

予算執行者の確認事項

予算執行者として支出をするにあたり確認する事項として、おおむね以下の内容を確認する必要があります。

①会計年度、所属区分および予算科目に誤りはないか
②歳出予算を超過していないか
③金額に違算はないか
④債権者は正当であるか
⑤債務は履行されているか、またその履行の確認は完了しているか
⑥契約の方法は適法であるか
⑦時効は完成していないか
⑧必要な書類は整備されているか

支出命令の決議及び送付

支出命令の決議とは予算執行者が「支出命令決議書」または「支出負担行為兼支出命令決議書」を決議することです。この決議された書類に、関係書類を添えて会計管理者に送付します。

支払期日の定められている支出については、一般的には当該支出に関する決議書を当該支払期日の7日前（役所閉庁時を除く）までに会計管理者に送付しなければなりません。この期日は、自治体によって定められています。

なお、支払期日が特に定められていない支出についても、支払遅延防止法が適用されるものは、適法な請求書を受理してから30日以内に支払う必要があるので、遅くともその期限の7日前（役所閉庁時を除く）までに会計管理者に送付しなければなりません。

> **支払遅延防止法の規定**
>
> 「政府契約の支払遅延防止等に関する法律」（支払遅延防止法）の中で、国を当事者の一方とする契約で、国以外の者のなす工事の完成若しくは作業その他の役務の給付又は物件の納入に対し、国が対価の支払をすべきものについて定めています。
>
> 第6条において、対価の支払の時期は、国が給付の完了の確認又は検査を終了した後、相手方から適法な支払請求書を受理した日から、工事代金については40日、その他の給付に対する対価については30日（以下この規定又は第7条の規定により約定した期間を「約定期間」という。）以内の日としなければならない、とあり、さらに第14条において、この法律の規定は自治体のなす契約に準用する、と明記されています。

支払予定日の確認について

会計課では、支払予定日を基準に審査・支払いの事務処理を行います。したがって、伝票に記載された支払予定日に誤りがあると、本来の支払期限（請求日より30日以内）に間に合わない事態が考えられます。ですので、支出命令決議書の送付の際は、必ず支払予定日を確認する必要があります。

特に、工事請負の前金払（→14日以内）、納付書・請求書に支払期限の記載のあるもの、保険料等で入金後に効力の発生するものなどは注意が必要です。

8 ◆ 支出の原則

▶▶ 自治体の支出の原則

　ここでいう「支出の原則」とは地方自治法第232条の5に規定されています。すなわち「債権者のためでなければ支出をすることができない」ことを意味しています。
　自治体の支出（経費）は、その目的を達成するための必要かつ最少の限度を超えて支出をしてはならないという、地方財政法の原則があります。

▶▶ 原則的な支払い

　原則として、債務である金額が定まり、支払いの期限が到来しており、支払いの相手方が債権者である場合に支出することができます。
　すなわち正当債権者に対し、履行の完了を確認したあと、確定金額を支出する、つまり後払いで支払いをするのが原則となっています。

▶▶ 債権者に対する支払いの方法

　債権者に対する支払方法としては、口座振替払が一般的です。これは指定金融機関その他、自治体の長が定める金融機関に預金口座を設けている債権者から口座振替払を希望する旨の申し出があったものについて、当該金融機関に通知して会計管理者の口座から債権者の預金口座へ振替支払（振込み）をする方法です。当然、現金払（小切手払を含む）による債権者への支払いが原則ですが、現在では公金の管理上からも現

金払はやむを得ない場合に限定されています。

▶▶ 債権者への支払いを口座振替によって行う場合

　自治体の預金口座から債権者の預金口座へ振り込む方法を「口座振替払」といいます。口座振替払による支払いは、金融機関内の事務処理によるため、最も安全確実で迅速合理的な支払方法です。また、債権者にとっても、支払いを受ける場所に出向く必要もなく、自己の預金口座へ入金できるため、非常に便利な方法です。原則支払いは、伝票の支払予定日に、相手方の口座に振り込まれます。

　口座名義人は、原則として債権者本人です。口座振替の処理をするのにあたっては、事前に会計課で債権者登録を行います。債権者登録という処理は、同じような名称でどの自治体も行っていると思います。継続して取引のある債権者についてあらかじめ債権者の口座情報などを登録することにより、送金口座の誤りの防止や事務の効率化にもなります。また、個人への支払いなどは、源泉徴収を行う事務と併せて行う自治体も多いと思います。習志野市の債権者登録のひな形は、図表２－６のとおりです。

　しかし、債権者登録を行うと事務処理が煩雑になる場合は、事前の債権者登録はせずに、直接、財務会計システムに債権者の内容を入力します（支払いが１回だけで、以後支払いが発生しない場合や、債権者登録の内容の変更が頻繁な場合など）。この場合は振込先を確認できる書類（口座情報が記載された請求書など）の添付が必要となります。

　源泉徴収する場合や、土地の購入、損失補償の場合等は、支払いが１回でも債権者登録をする必要があります。

図表２-６　債権者登録のひな形（例）

習志野市 口座振替払(債権者登録)申出書

習志野市会計管理者　あて　　　　　　　　　　　　　　平成　　年　　月　　日

私が、今後、習志野市から受領する支払金は、下記の口座に振り込むよう申し出します。この依頼書に基づき、口座振替がなされたときには、習志野市から支払いを受けたものとします。（習志野市財務規則第84条・第86条）また、下記の事項（但し口座名義欄の法人名称は、全国銀行データ通信システムによる略語の使用及び代表者氏名等の省略をする）を電子計算システムに記録し、債権者登録することに同意します。

（※ 楷書体で正確に記入してください。）

氏　名（本人）あるいは名　称（団体・法人）	フリガナ　　　　　　　　　　　印鑑・社印
代表者名（団体・法人の場合のみ記入）	フリガナ　　　　　　　　　　　印鑑・代表者印
郵便番号	－
住　所（団体・法人は所属機関住所を記入）	
電話番号	－　　　－
FAX番号	－　　　－
金融機関	銀行・信金　本店 信組・農協　支店 金融コード□□□□　支店コード□□□　（※ コードが不明な場合は空欄でも可。）
預金区分	○印で記入：1.普通・2.当座・4.貯蓄　　口座番号
口座名義	（※ 口座名義は30文字以内。濁点は1文字とする。カタカナ大文字で記入。例：ョ→ヨ）
生年月日	○印で記入：1.明治・2.大正・3.昭和・4.平成　　年　　月　　日 （※ 賃金、報酬、講師謝礼等の方は必ず生年月日を記入してください。）

習志野市口座振替払(債権者登録)申出書処理台帳　登録番号80012

※ 市役所記入欄　　●市役所記入欄は、担当課で必ず記入をお願いします。

担当課（　　　　）担当者（　　　　）連絡先（　　　　　　内線　　　）	
申出種類	1 新規・2 変更・3 削除　　※ 該当する内容を○で囲んでください。
債権者管理区分	0 業者・1 官公庁・2 個人・3 職員・4 源泉債権者(個人)・5 源泉債権者(法人)
債権者コード	●変更の場合はコードを記入してください。
債権者コード枝番	0 通常払い・9 工事請負費前金払い

●源泉対象者は下記の記入もお願いします。　※ 該当する内容を○で囲んでください。

税表区分	1 甲欄適用者・2 その他
支払内容	1 パート賃金・2 委員報酬・3 講師謝礼・4 その他（　　　　）

●源泉対象者の新規登録で、年末調整をする予定の場合は、必ず「扶養控除申告書」の写しを添付してください。

※ 会計課決裁欄	起案：　年　月　日　決裁完了：　年　月　日　保存期間：常用
収受印	分類記号：H01・04・08
	会計課長　係長　担当　債権者コード

▶▶ 口座振替の振込先

　債権者の都合により、債権者以外の名義人への口座へ振り込む場合は、原則、「委任状」が必要です。

　委任状が必要かどうかは、以下の図表（個人〔図表2-7〕、任意団体等〔図表2-8〕、法人〔図表2-9〕）を参考にしてください。

図表2-7　委任状の添付について（個人の場合）

債権者名	口座名(受領者)	債権者と口座名との関係	委任状添付
習志野 太郎	習志野 太郎	同一人物の同一口座への振込	不要
津田沼商会 代表　津田沼 一夫	津田沼 一夫	個人商店の商号（屋号）から個人名義への振込	不要
習志野 太郎	鷺沼 一郎	他人（第三者）名義の口座への振込	必要
習志野 太郎	㈲習志野商店 代表取締役　習志野 太郎	個人から法人名義への振込	必要
習志野 太郎	習志野 花子	夫婦・親子等への振込	必要 （例外：賃金は必ず本人名義）

図表2-8　委任状の添付について（任意団体等の場合）

債権者名	口座名(受領者)	債権者と口座名との関係	委任状添付
袖ケ浦町会 会長　谷津 二郎	谷津 二郎	債権者は団体であるが、個人名の口座への振込はできない	必要
袖ヶ浦町会 会長　谷津 二郎	袖ヶ浦町会 会長	同一団体の代表者への振込	不要
袖ヶ浦町会 会長　谷津 二郎	袖ヶ浦町会 会計　秋津 次夫	債権者から会計担当者への振込	必要
袖ヶ浦町会 会長　谷津 二郎	袖ヶ浦町会 会長　香澄 五郎(前任者)	会長の変更があった際の振込	必要
○×サークル会 会長　谷津 二郎	○×サークル会 茜 太郎	会計担当者への支払いだが「会計○○○」と役職である「会計」という文言が入っていない場合の振込	必要

※任意団体等はサークルや自治会などの場合が多いので、請求書の中に「下記口座に振込してください」と受領者を指定してある場合は、これをもって委任状は省略できます。

図2-9 委任状の添付について（法人の場合）

債権者名	口座名(受領者)	債権者と口座名との関係	委任状添付
㈱習志野商事 鷺沼支店長　鷺沼　一義	㈱習志野商事 鷺沼支店	代表者名がないが、同会社名、同支店への振込	不要
㈱習志野商事 鷺沼支店長　鷺沼　一義	㈱習志野商事 代表取締役　習志野　太郎	同会社支店から本社の代表者口座への振込	不要(同会社の支店⇒本社は委任状不要)
㈱習志野商事 鷺沼支店長　鷺沼　一義	㈱習志野商事 花咲支店	同会社の他支店名義の口座へ振込	必要
㈱習志野商事 代表取締役　習志野　太郎	㈱習志野商事 鷺沼支店長　鷺沼　一義	代表権のない支店口座への振込	必要(同会社の本店⇒支店は委任状必要)
メッセ店 代表　津田沼　一	テック　メッセ店 代表　津田沼　一	社名が違う場合の振込（数店舗を所有している場合）	必要
(医)社団上総会　上総病院 院長　藤崎　二郎	上総病院 院長　藤崎　二郎	代表者名が同じだが、「(医)社団上総会」の文言がないため、同一法人とはみなさない場合の振込	必要
(医)上総会 理事長　藤崎　二郎	(医)上総会　船橋寮 施設長　宮本　一郎	代表権のない施設長名等の口座への振込	必要
(医)社団上総会　上総病院 院長　藤崎　二郎	(医)社団上総会 理事長　藤崎　二郎	同一法人の下部組織から経営母体の口座への振込	不要
㈱習志野商事 鷺沼支店長　鷺沼　一義	㈱習志野商事　鷺沼支店 経理部長　大久保　良男	社則に権限が定められている口座への振込	不要
実籾市長　泉　三郎	実籾市会計管理者 新栄　始	同市会計管理者口座への振込	不要
支出負担担当官	歳入徴収官	歳入徴収官口座への振込	不要

　委任状を認めた場合であっても、最終的に正当債権者に対しての支払いかどうか確認することが必要です。委任状が、第三者に対する贈与とみなされる可能性がある場合は注意してください。

　例えば、A法人の固定資産税の多額な還付が発生した場合に、A法人の代表取締役の個人口座に振り込んでほしいという委任状での依頼は、事情を確認しなければなりません。この場合の還付金は、個人の収入でなくA法人の収入に計上すべきものだからです。

9 ◆ 支出の特例

支出の特例とは

　債権者との契約その他の支払いに関する取り決めにおいて、場所的関係・経費の性質等の内容から、通常の支出の方法では事務の取扱いに支障をきたすような場合があります。そのとき、地方自治法施行令および自治体の財務規則等において定められた経費については、「資金前渡」「概算払」「前金払」等、支出の特例による方法で支出することが認められています（地方自治法第232条の5）。

資金前渡

　特定の経費について、債権者が未確定の場合もしくは債権者および債務金額ともに未確定の場合において、現金の支払いをさせるために会計管理者が正当債権者ではない自治体の職員をもって経費の金額を交付（資金を前渡）し、正当債権者に対して現金で支払いをすることを資金前渡といいます。

■地方自治法施行令第161条（下線は筆者）
（資金前渡）
第161条　次に掲げる経費については、当該普通地方公共団体職員として、現金支払をさせるため、その資金を当該職員に前渡することができる。
⑴　外国において支払をする経費
⑵　遠隔の地又は交通不便の地域において支払をする経費

(3)　船舶に属する経費
　(4)　給与その他の給付
　(5)　地方債の元利償還金
　(6)　諸払戻金及びこれに係る還付加算金
　(7)　報償金その他これに類する経費
　(8)　社会保険料
　(9)　官公署に対して支払う経費
　(10)　生活扶助費、生業扶助費その他これらに類する経費
　(11)　事業現場その他これに類する場所において支払を必要とする事務経費
　(12)　非常災害のため即時支払を必要とする経費
　(13)　電気、ガス又は水の供給を受ける契約に基づき支払をする経費
　(14)　電気通信役務の提供を受ける契約に基づき支払をする経費
　(15)　前二号に掲げる経費のほか、2月以上の期間にわたり、物品を買い入れ若しくは借り入れ、役務の提供を受け、又は不動産を借り入れる契約で、単価又は1月当たりの対価の額が定められているもののうち普通地方公共団体の規則で定めるものに基づき支払をする経費
　(16)　犯罪の調査若しくは犯則の調査又は被収容者若しくは被疑者の護送に要する経費
　(17)　前各号に掲げるもののほか、経費の性質上現金支払をさせなければ事務の取扱いに支障を及ぼすような経費で<u>普通地方公共団体の規則で定めるもの。</u>
2　歳入の誤納又は過納となった金額を払い戻すための必要があるときは、前項の例により、その資金（当該払戻金に係る還付加算金を含む。）を前渡することができる。
3　前二項の規定による資金の前渡は、特に必要があるときは、他の普通公共団体の職員に対してもこれをすることができる。

　上記のように資金前渡できる経費は地方自治法施行令で定められています。これ以外で資金前渡をしなければ事務に支障をきたす場合は自治体によって異なるため、自治体の規則の定めにより、資金前渡をすることができます。ここで、習志野市の財務規則を紹介します。

■習志野市財務規則第67条
（資金前渡できる経費）
第67条　施行令第161条第1項第17号に規定する規則で定める経費は、次の各号に掲げるものとする。
(1)　賃金
(2)　有料道路通行券の購入に要する経費
(3)　自動車駐車場使用料
(4)　自動車重量税印紙の購入に要する経費
(5)　交際費
(6)　自動車損害賠償責任保険料
(7)　証紙、切手及びはがきの購入に要する経費
(8)　補償補填及び賠償金
(9)　会議、講習会その他の行事に際し、直接支払を必要とする経費
(10)　国民健康保険事業における助産費及び葬祭費
(11)　即時払いをしなければ契約することが困難な経費

▶▶ 資金前渡職員の責務

　資金前渡職員が交付を受けた経費である「前渡資金」は、資金前渡職員の正当債権者に対する支払いが完了するまでは、自治体の公金であるため、保管等の注意を怠らないよう厳正に管理します。
　また、資金前渡職員は、その交付を受けた「前渡資金」を単に保管出納するにとどまりません。交付を受けた経費の目的に従って債務を負担し、その債務を履行するために、自己の責任をもって、正当債権者に対して現金によって支払いをしなければなりません。

▶▶ 資金前渡の限度額

　資金前渡の限度額は自治体の裁量に委ねられていますので、財務規則などで定めておくことが望ましいです。

■習志野市財務規則第69条
　（前渡資金の限度）
第69条　資金の前渡をすることのできる額の限度は、次の各号に定めるところによる。ただし、交際費、有料道路使用料、タクシー借上料及び駐車料については、この限りでない。
(1)　常時の費用に係る経費　毎1月分の額
(2)　随時の費用に係る経費　所要の予定額
2　資金前渡は、当該資金を第74条の規定により精算した後でなければ、同一の目的のために更に前渡することはできない。ただし、特別の事情がある場合はこの限りでない。

　資金前渡職員は、交付を受けた経費の目的に従って支払いを行う際、支払うべき金額に対して、交付された前渡資金が不足することがないようにしなければなりません（立て替え払いは違法）。
　また原則として、資金前渡は当該資金の精算をした後でなければ、同一の目的のためにさらに前渡することはできません。

▶▶ 資金前渡の精算

　資金前渡職員は、その支払いにあたっては債権者の請求は正当であるかなどを判断し、かつ前渡資金の支払いをしたときは、前渡職員の名前で領収書を徴するなど権限が与えられていることもあり、資金前渡の精算は非常に重要です。この手続きも自治体の裁量に委ねられていますので、財務規則等で明確に定めることが必要です。

■習志野市財務規則第74条
　（前渡資金の精算）
第74条　資金前渡職員は、その管理に係る前渡資金について、次の各号に掲げる経費の区分ごとに当該各号に定める期日（休日を除く。）までに、前渡資金に関する精算報告書兼戻入命令書又は精算報告書兼

支出命令書を作成し、証拠書類を添えて予算執行者に精算の報告をしなければならない。
(1) 常時の費用に係る経費　翌月の5日まで
(2) 随時の費用に係る経費　支払が完了した日から3日以内
2　予算執行者は、第1項の規定による報告を受けたときは、その内容を調査し、同項に規定する帳票類を会計管理者に送付するとともに併せて精算残額のあるときは、併せて戻入の、精算追加のあるときは追加支出の手続きをしなければならない。ただし、第1項第1号に係る経費の精算残金については、翌月に繰り越すことができる。

　資金前渡職員が、支払いの際に徴すべき債権者からの領収書を精算報告書に添付できない場合（社会通念上領収書を徴することができない場合を含む）は、支払証明書（習志野市財務規則第43号様式（第72条第2項））を作成し、精算報告書に添付します。

図表2‐10　支払証明書（例）

第43号様式（第72条第2項）

支　払　証　明　書

債権者	住所		氏名	

	金額	
	ただし	

領収証を徴することができない理由	

　上記金額の支払に際しては、債権者から領収証を徴することができないので、その支払したことを証明します。

年　月　日

（職氏名）　　　　　　　　印

▶▶ 概算払

　概算払とは、特定の経費について、債権者との債権債務の関係は発生しているものの、履行の時期が未到来であり、債務金額も未確定であるにもかかわらず、当該債権者に対し支払いをする必要が生じた場合に、概算額をもって支出をすることです。

■地方自治法施行令第162条　（下線は筆者）

（概算払）

第162条　次の各号に掲げる経費については、概算払をすることができる。
(1) 旅費
(2) 官公署に対して支払う経費
(3) 補助金、負担金及び交付金
(4) 社会保険診療報酬支払基金又は国民健康保険団体連合会に対し支払う診療報酬
(5) 訴訟に要する経費
(6) 前各号に掲げるもののほか、経費の性質上概算をもつて支払をしなければ事務の取扱いに支障を及ぼすような経費で、<u>普通地方公共団体の規則で定めるもの</u>

　続いて、習志野市の財務規則で定められた、概算払することができる経費を紹介します。

■習志野市財務規則第75条

（概算払）

第75条　施行令第162条第6号に規定する規則で定める経費は、次の各号に掲げるものとする。
(1) 運賃又は保管料
(2) 補償金又は賠償金
(3) 委託料

▶▶ 概算払の精算

予算執行者は、その履行を確認した後、速やかに精算を行い、精算残額のあるときは直ちに戻入の手続き、精算追加のあるときは追加支出の手続きをしなければなりません。

▶▶ 前金払

特定の経費のうち、債権者、債務金額ともに確定しているものについて、支払うべき事実の確定または時期の到来以前においての、その債務金額の支出を前金払といいます。

ただし、契約等で前金払をする旨の特約をしたものに限り認められるものです。

この前金払をした額については、契約または法令によって確定されたものなので、後日、契約の不履行その他の事由によって客観的に金額の異動がある場合の他は精算を必要としません。

■地方自治法施行令第163条 （下線は筆者）
（前金払）
第163条　次の各号に掲げる経費については、前金払をすることができる。
(1) 官公署に対して支払う経費
(2) 補助金、負担金、交付金及び委託費
(3) 前金で支払をしなければ契約しがたい請負、買入れ又は借入れに要する経費
(4) 土地又は家屋の買収又は収用によりその移転を必要とすることとなつた家屋又は物件の移転料
(5) 定期刊行物の代価、定額制供給に係る電灯電力料及び日本放送協会に対して払う受信料
(6) 外国で研究又は調査に従事する者に支払う経費
(7) 運賃
(8) 前各号に掲げるもののほか、経費の性質上前金をもって支払をし

なければ事務の取扱いに支障を及ぼすような経費で普通地方公共団体の規則で定めるもの

続いて、習志野市の財務規則で定められた、前金払することができる経費を紹介します。

■習志野市財務規則第76条
（前金払）
第76条　施行令第163条第8号に規定する規則で定める経費は、次の各号に掲げるものとする。
(1)　使用料、保管料又は保険料
(2)　土地又は家屋の買収代金

▶▶ 公共工事の前金払

公共工事の前金払については、自治体で規則や要領などを作成して運用しているのが一般的です。習志野市が発注する公共工事について、契約の段階で前金払の特約をした場合は、「習志野市公共工事の前金払及び中間前金払取扱要領」に基づき前金払をすることができます（工事の設計および調査等の委託についても同様）。

前金払をする際の要件には、以下のものがあります。

①公共工事の前払金保証事業に関する法律第5条の規定に基づき、登録を受けた保証事業会社の保証にかかる公共工事であること
②①の保証事業会社が交付する前払金保証証書を市に寄託してあること
③1件の設計金額が500万円以上の公共工事であること
④前払金請求書は契約の10分の4以内（設計または調査については10分の3以内）であること（10万円未満の端数がある場合、端数金額は切り捨てる）

⑤完成払の振込口座とは別の普通預金口座（保証事業会社が交付する前払金保証書に記載のある金融機関と同一）への振込みであること

10 支出の予算科目

支出科目・歳出科目・予算科目

　ここで「支出」「歳出」「予算」という言葉を整理したいと思います。まず「支出」とは、お金を支払うということです。ここでいう支出は、あらかじめお金の使い道を決めた予算の範囲内での支出ということになります。1件1件の伝票の段階では「支出」ということになります。
　一方、「歳出」とは自治体の会計年度の1年間の支出のことをいいます。この歳出が、決算の数字になります。

図表2-11　予算から決算までの支出の捉え方

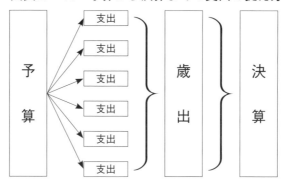

　ここでお金の使い道を整理する必要が出てきます。そのために、予算の時に「款・項・目・節」という科目でお金を区分します。

款・項・目・節とは

「款」は最大の分類で、「項」は「款」の細分類、「目」は「項」の細分類、「節」はさらに「目」の細分類となっています。「款」・「項」・「目」は目的による分類、「節」は性質による分類となっています。

特に「款」と「項」は決算書に記載されるもので、議会の議決の対象となるものです。

図表2-12　歳出の款・項（例）

款	項	内容
議会費	議会費	議会に関する経費
総務費	総務管理費	総務の総括的な経費
		一般管理費、文書広告費、財産管理費、会計管理費、財産管理費、企画費、支所および出張所費、公平委員会費等
	徴税費	税務調査費と賦課徴収費に要する経費等
	戸籍住民基本台帳費	戸籍事務および住民登録事務に要する経費等
	選挙費	選挙管理委員会費と選挙啓発費等
	統計調査費	統計調査総務費と個別の統計調査に要する経費等
	監査委員費	監査委員と事務局に要する経費等
民生費	社会福祉費	社会福祉総務費、社会福祉施設費等
	児童福祉費	児童福祉総務費、児童措置費、母子福祉費、児童福祉施設費等
	生活保護費	生活保護総務費、扶助費、生活保護施設費等
	災害救助費	災害救助費
衛生費	保健衛生費	保健衛生総務費、予防費、環境衛生費、診療所費等
	清掃費	清掃総務費、塵芥処理費、し尿処理費等
労働費	失業対策費	失業対策総務費、一般失業対策事業費等
	労働諸費	労働諸費

款	項	内容
農林水産業費	農業費	農業委員会費、農業総務費、農業振興費、畜産業費、農地費等
	林業費	林業総務費、林業振興費等
	水産業費	水産業総務費、水産業振興費、漁港管理費、漁港建設費等
商工費	商工費	商工総務費、商工業振興費、観光費等
土木費	土木管理費	土木総務費等
	道路橋りょう費	道路橋りょう総務費、道路維持費、道路新設改良費、橋りょう維持費、橋りょう新設改良費等
	河川費	河川総務費等
	港湾費	港湾管理費、港湾建設費等
	都市計画費	都市計画総務費、土地区画整理費、街路事業費、公共下水道費、都市下水路費、公園費等
	住宅費	住宅管理費、住宅建設費等
消防費	消防費	常備消防費、非常備消防費、消防施設費、水防費等
教育費	教育総務費	教育委員会費、事務局費、恩給および退職年金費等
	小学校費	学校管理費、教育振興費、学校保健費等
	中学校費	学校管理費、教育振興費、学校保健費等
	高等学校費	高等学校総務費、全日制高等学校管理費、定時制高等学校管理費、教育振興費、学校建設費等
	幼稚園費	幼稚園費等
	社会教育費	社会教育総務費、公民館費、図書館費等
	保健体育費	保健体育総務費、体育施設費等
災害復旧費	農林水産施設災害復旧費	□□災害復旧費
	○○施設災害復旧費	△△災害復旧費
公債費	公債費	元金、利子、公債諸費
諸支出金	普通財産取得費	□□取得費
	公営企業貸付金	○○公営企業貸付金
予備費	予備費	自治体の予算は、一会計年度間の見積もりであり、不測の事態の発生もありうることから、議会を招集して予算の補正をするほどの重要でない場合の支出のために設けられた科目

この「款」・「項」の概要は、会計事務の審査をする上で必要です。

次に「目」は、自治体の予算規模や事業などにより任意で設定している場合があります。ここでは習志野市の総務費の例をご紹介します。

図表2-13　歳出の目（例）

2款　総務費		事業【所管課】
項	目	
2.総務管理費	1.一般管理費	1.特別職給与費【人事課】
	2.人事管理費	2.職員給与費【人事課】
	3.文書費	3.総務課事務費【総務課】
	4.広報広聴費	4.市政功労表彰事業【総務課】
	5.財産管理費	5.法律相談等事業【総務課】
	6.会計管理費	6.契約検査課事務費【契約検査課】
	7.財産管理費	7.庁舎維持管理事務費【契約検査課】
	8.企画費	8.仮庁舎賃貸借事業【契約検査課】
	9.情報化推進費	9.秘書課事務費【秘書課】
	10.まちづくり推進費	10.まちづくり応援基金積立金【財政課】
	11.消費生活推進費	11.公共施設等再生整備基金積立金【財政課】
	12.安全対策費	
	13.庁舎建設費	

2款総務費2項総務管理費の中に13の目があることがわかります。そこから、1目一般管理費をさらに事業ごとに分類しています。ここまでの区分が予算を「目的別」に区分したことになります。

この事業の支出をわかりやすく整理するために性質別による「節」があります。職員としてはどの部署に配属になっても、この全庁的な款・項・目・節を理解しないと自治体の決算を理解できないことになります。「節」は、担当課でも間違いやすい項目もあり、会計課の段階でしっかりチェックする内容であるといえます。習志野市では、「節」の分類は次のようなものになっています。

図表2-14 歳出の節（例）

	節	内容
1	報酬	議員報酬、委員報酬、非常勤職員報酬など
2	給料	特別職給、一般職給など
3	職員手当等	扶養手当、通勤手当、時間外勤務手当、期末手当、勤勉手当など
4	共済費	地方公務員共済組合に対する負担金、社会保険料など
5	災害補償費	療養補償、休業補償、障害補償、遺族補償など
6	恩給および退職年金	普通恩給、増加恩給、扶助料、退職年金など
7	賃金	令和2年4月1日より7節賃金廃止、以降の節は繰上
8	報償費	報償金、講師謝礼、記念品、各種表彰用など
9	旅費	普通旅費、特別旅費、費用弁償など
10	交際費	長、教育長、議長など執行機関の交際費
11	需用費	消耗品費…文具類、印紙類、被服等、消耗機材など 燃料費…灯油、ガソリンなど 食糧費…会議用弁当、来客用お茶代など 印刷製本費…パンフレット印刷、帳票類の印刷など 光熱水費…電気使用料、水道使用料、ガス使用料など 修繕料…施設の修繕、設備の修繕など 賄材料費…学校、病院での給食提供のための食材 飼料費…飼育中の小動物などのエサ代 医薬材料費…施設等に常備する医薬品など
12	役務費	通信運搬費…郵便料、電話料、通信料、放送料など 保管料…倉庫料、各種証券保管料 広告料…新聞掲載広告料、各種事業の宣伝広告など 手数料…手数料、診断料、不動産鑑定料など 筆耕翻訳料…手話通訳派遣料、賞状筆耕料など 火災保険料…家屋等の建造物の火災保険料 自動車損害保険料…庁用車自賠責保険料など

節		内容
13	委託料	各種事務事業の委託に対する経費など
14	使用料および賃借料	有料道路通行料、会場使用料、車両賃借料など
15	工事請負費	施設整備工事、施設維持管理工事など
16	原材料費	工事材料費、加工用原材料費など
17	公有財産購入費	土地購入費、家屋等購入費など
18	備品購入費	庁用器具費、機械器具費など
19	負担金、補助金および交付金	各種協議会負担金、事業費補助金、政務活動費費などの交付金など
20	扶助費	生活保護費、児童手当、自治体独自の手当など
21	貸付金	法令または条例等に基づく貸付金
22	補償補填および賠償金	移転補償費、車両損失事故の損害賠償など
23	償還金、利子および割引料	地方債の元金償還金や利子、各種証券の割引料など
24	投資および出資金	財政援助等による投資および出資など
25	積立金	基金への積立など
26	寄附金	公益上必要と認められ場合の他自体への災害見舞金など
27	公課費	自動車重量税、各種登録税など
28	繰出金	他会計への繰出金

　会計課でのチェックをするときに、先ほどの目的別での支出の内容は、予算措置がされているかどうかのチェックはできても、例えば消耗品の支出がどの事業の支出かまではわからないのが現状です。この節については性質別ということですから、この性質に合った支出項目は会計課で確認することができます。

　特に需用費と役務費の節は細節を設けて、より細かく支出の内容を区分しています。

▶▶ 間違いやすい支出科目の具体的事例

担当課から「ガラスの取り換えをすることになったので、どの予算科目から支出したらいいですか」と尋ねられたとします。そのとき、その質問の文言だけで「修繕料」「消耗品費」「原材料費」などのうちどの科目かを即答したとするならば、それは職員が過去に経験した内容を答えたにすぎません。今回の事例の場合は、下記のようにどのような状況かによって支出科目が違います。

①ガラス業者に依頼し修理をしてもらった場合は、ガラス代金に修理の手間賃が含まれているので11節需用費の中の修繕料が適当
②職員がガラスをホームセンター等で購入し、加工することもなくそのまま割れたガラスと取り換えた場合、11節需用費の中の消耗品費が適当
③職員がガラスをホームセンター等で購入したが規格外のため職員がガラスのサイズを調整し、やすりなどで加工した場合は、16節の原材料費が適当

このように、ガラスなどは加工をする場合は原材料費であることも理解していれば、どの支出科目が適当であるかがわかると思います。

後掲の図表2-15から2-17は、支出の審査をする上でのマニュアルになります。図表2-15は、地方自治法施行令の規定ですので、どの自治体もこのルールによることになります。図表2-16および2-17の会計課への提出書類は、自治体によって異なる場合もあります。まずは自分の自治体の財務規則などを確認してください。

図表2-15 歳出の会計年度所属区分表

経費の種類	所属年度	条文	補足説明	例
地方債の元利償還金、年金、恩給の類	支払期日の属する年度	地方自治法施行令143条1項1号	継続的給付の性質を有し、法令等により支払期日が一定している	土地改良法に基づく分担金の延納
給与その他の給付（上記に掲げるものを除く）	支給すべき事実の生じた時の属する年度	同条同項2号		地方自治法203〜207条に掲げるものをいい、報酬、費用弁償、諸手当、旅費、退職年金等が含まれる
地方公務員共済組合負担金、社会保険料（労働保険料は除く）および国民健康保険の療養の給付に関する診療報酬並びに賃借料、光熱水費、電信電話料の類	支出の原因である事実の存在した期間の属する年度	同条同項3号	これらの経費は、一定期間の給付または役務に対する対価であり、その使用等の期間の経過後に、請求に基づいて払うのが通例ですが、請求、支払の事実によらず、使用等の事実の存した期間に応じて所属年度が定められている	雇用保険料、厚生年金保険料、労働者災害補償保険料、船員保険料等

経費の種類	所属年度	条文	補足説明	例
賃借料、光熱水費、電信電話料の類でその支出の原因である事実の存した期間が2年度にわたるもの	支払期限の属する年度	同条同項3号但書	ガス料金、水道料金の類で旧年度に属する期間分と新年度に属する期間分と一括して請求されたような場合で、新旧両年度に分割する事が不可能なものについては、支払期限の属する年度で区分	使用料、保険料、損料、広告料等
工事請負費、物件購入費、運賃の類および補助費の類で相手方の行為の完了があった後に支出をするもの	当該行為の履行があった日の属する年度	同条同項4号	履行確認の日であり、通常検査の日	印刷製本費、筆耕翻訳料、修繕費、広告料、給付金、交付金、委託料等
上記5項目に掲げる経費以外の経費	支出負担行為をした日の属する年度	同条同項5号		手数料の類、損害保険料等
旅行の期間が2年度にわたる場合における旅費	当該2年度のうち前の年度の歳出予算から概算で支出し、精算によって生ずる返納金または追給金は、その精算を行った日の属する年度の歳入または歳出とする	地方自治法施行令143条2項	旅費における特例	

図表2-16　支出負担行為整理区分（甲）（例）

節区分等	支出負担行為として整理する時期	支出負担行為の範囲	支出負担行為に必要な主な書類	摘要
1　報酬	支出決定のとき	当該給与期間に係る金額	支給調書	
2　給料	支出決定のとき	支出しようとする額	支給調書	
3　職員手当等	支出決定のとき	支出しようとする額	支給調書	
4　共済費	支出決定のとき	支出しようとする額	請求書又は内訳書	
5　災害補償費	支出決定のとき	支出しようとする額	災害補償決定に関する書類　請求書	
6　恩給及び退職年金	支出決定のとき	支出しようとする額	支給調書・退職年金の裁定に関する書類	
7　賃金	支出決定のとき	支出しようとする額	支給調書	令和2年4月1日より7節賃金廃止、以降の節は繰上
8　報償費	交付決定のとき	交付しようとする額	報償に関する書類	
	契約を締結するとき（請求のあつたとき）	契約金額（請求のあつた額）	契約書（案）・入札書又は見積書・入札経過書・随意契約理由書（契約書・請求書）	入札に付した場合は執行伺を添付する。単価契約にあつては（　）内によることができる。
9　旅費	支出決定のとき	支出しようとする額	支給調書	

節区分等		支出負担行為として整理する時期	支出負担行為の範囲	支出負担行為に必要な主な書類	摘要
10 交際費		支出決定のとき	支出しようとする額	請求書	物品等の購入にあつては11節の例による。
11 需用費	光熱水費	支出決定のとき	支出しようとする額	請求書	
	その他	契約を締結するとき（請求のあつたとき）	契約金額（請求のあつた額）	設計書又は仕様書・入札書又は見積書・入札経過書・契約書（案）又は請書・随意契約理由書（契約書・請書）	入札に付した場合は執行伺を添付する。食料費・賄材料費・単価契約にあつては（　）内によることができる。電子入札に付した場合は、入札書・入札経過書に代えて、開札調書を添付する。
12 役務費	電話料 電報料 郵便料	支出決定のとき	支出しようとする額	請求書・申込書の写し	郵便切手等の購入はその他の役務費の整理区分による。
	保険料	契約を締結するとき若しくは払込み請求通知を受けたとき又は払込みをするとき	払込指定金額	契約書（案）・払込請求通知書	
	その他	契約を締結するとき（請求のあつたとき）	契約金額（請求のあつた額）	内訳書・見積書・契約書（案）又は請書（契約書・請求書）	単価による契約にあつては（　）内によることができる。

13	委託料	契約を締結するとき（請求のあつたとき）	契約金額（請求のあつた額）	見積書・契約書（案）又は請書（契約書・請求書）	単価による契約にあつては（　）内によることができる。電子入札に付した場合は、開札調書を添付する。
14	使用料及び賃借料	契約を締結するとき（請求のあつたとき）	契約金額（請求のあつた額）	見積書・契約書（案）又は請書（契約書・請求書）	条例等で金額を規定している場合は見積書を省略することができる。単価による契約にあつては（　）内によることができる。電子入札に付した場合は、開札調書を添付する。
15	工事請負費	契約を締結するとき	契約金額	設計書又は仕様書・入札書又は見積書・入札経過書・契約書（案）又は請書	入札に付した場合は執行伺を添付する。電子入札に付した場合は、入札書・入札経過書に代えて、開札調書を添付する。
16	原材料費	契約を締結するとき（請求のあつたとき）	契約金額（請求のあつた額）	設計書又は仕様書・入札書又は見積書・入札経過書・契約書（案）又は請書（契約書・請求書）	入札に付した場合は執行伺を添付する。単価による契約にあつては（　）内によることができる。電子入札に付した場合は、入札書・入札経過書に代えて、開札調書を添付する。

節区分等	支出負担行為として整理する時期	支出負担行為の範囲	支出負担行為に必要な主な書類	摘要
17 公有財産購入費	契約を締結するとき	契約金額	設計書又は仕様書・入札書又は見積書・入札経過書・契約書（案）又は請書	入札に付した場合は執行伺を添付する。電子入札に付した場合は、入札書・入札経過書に代えて、開札調書を添付する。
18 備品購入費	契約を締結するとき（請求のあつたとき）	契約金額（請求のあつた額）	設計書又は仕様書・入札書又は見積書・入札経過書・契約書（案）又は請書（契約書・請求書）	入札に付した場合は執行伺を添付する。単価による契約にあつては（ ）内によることができる。電子入札に付した場合は、入札書・入札経過書に代えて、開札調書を添付する。
19 負担金補助及び交付金	指令するとき（請求のあつたとき）	指令する額（請求のあつた額）		指令を要しないものにあつては（ ）内によることができる。
20 扶助費	支出決定のとき	支出しようとする額	請求書・内訳書	
21 貸付金	貸付決定のとき（支出決定のとき）	貸付けを要する額（支出しようとする額）	申請書・契約書（案）貸付決定に関する通知書（内訳書）	月額で貸し付けるものにあつては（ ）内によることができる。
22 補償・補填及び賠償金	補償・補填及び賠償するとき	補償・補填及び賠償を要する額	補償・補填及び賠償に関する書類 判決書謄本	

23	償還金利子及び割引料	支出決定のとき	支出しようとする額	内訳書・請求書	
24	投資及び出資金	出資又は払込決定のとき	出資又は払込を要する額	出資又は払込に関する書類 申請書	
25	積立金	支出決定のとき	支出しようとする額		
26	寄附金	支出決定のとき	支出しようとする額	申請書	
27	公課費	支出決定のとき	支出しようとする額	公課令書 申告書の写し	
28	繰出金	支出決定のとき	支出しようとする額		

備考
1 支出決定のとき又は請求のあつたときをもつて整理時期とする支出負担行為で、これに基づいて出納整理期間中に支出すべき経費に係るものについては、当該支出の出納整理期間中において整理することができるものとする。
2 継続費又は債務負担行為に基づく支出負担行為済のものの歳出予算に基づく支出負担行為として整理する時期は、当該経費の支出決定のときとする。この場合において、当該支出負担行為の内容となる書類には、継続費又は債務負担行為に基づく支出負担行為済であることを明示するものとする。
3 予算執行者は支出負担行為を行うもののうち市長が特に認めるものについては、あらかじめ、会計管理者の事前審査を受けなければならない。

図表2－17　支出負担行為整理区分（乙）（例）

節区分等	支出負担行為として整理する時期	支出負担行為の範囲	支出負担行為に必要な主な書類	摘要
1　資金前渡	資金前渡をするとき	資金前渡を要する額	請求書．内訳書．仕訳書又は支給調書	
2　繰替払	繰替払の補填をしようとするとき	繰替払した額	繰替払に関する書類	
3　過年度支出	過年度支出をしようとするとき	過年度支出を要する額	支出負担行為決議書には過年度支出である旨を表示する。	
4　過誤払金の戻入	現金の戻入通知があつたとき（現金の戻入があつたとき）	戻入する額	内訳書	翌年度の5月31日以前に現金の戻入があり、その通知が6月1日以降にあつた場合は（　）内によることができる。
5　債務負担行為	債務負担行為を行おうとするとき	債務負担行為の額	契約書	
6　継続費	契約を締結するとき	契約金額	契約書	

備考
1　資金前渡するとき（精算渡しに係る経費に限る。）をもつて整理時期とする支出負担行為で、これに基づいて出納整理期間中に支出すべき経費に係るものについては、当該支出の出納整理期間中において整理することができるものとする。
2　支出負担行為に必要な書類は、この表に定める主な書類のほか、別表第3に定めるこれに相当する規定の関係書類を添付する。

11 ◆請求書の不備

▶▶ 日付が空欄等の不備

　ここでは、よくある請求書の不備に関する実務を紹介します。

　消耗品費の請求書を業者から受領したところ、請求書の日付が空欄であったということは意外と多いケースです。この場合にどのような対応をするのが望ましいのでしょうか。

　望ましい対応としては請求書に日付がない場合は、日付入りの受領印を押すことで請求書の提出日を明らかにする必要があります。日付欄が空欄の請求書を業者が出してきた場合は窓口で日付を書くよう促したり、日付を記載した上で、再度、請求書を提出してもらったりする必要があります。

　会計事務の処理は、適正な内容が記載された請求書、納品書などの会計書類に基づいて行われるべきです。

▶▶ 物品の給付完了前の請求書

　遠隔地から物品を購入した際、物品の給付完了前の日付の請求書を受領する場合があります。

　この場合、この支払請求書が法令、契約または慣習に反するものでなければ、再度、請求書の発行を求めることもなく、これを検査完了後有効になるものとして取り扱うことは、差支えないとの判断があります。

　ここで問題となるのは、請求日からいつまでの間に支払わなければならないかということであり、それは「政府契約の支払遅延防止等に関する法律」（以下、支払遅延防止法という）の規定によります。契約書に

定めがなければ 15 日以内、定めてあればその日数（ただし定められるのは 30 日まで）です。

　このことから、請求日が空欄の場合、支払遅延防止法に抵触しないような日付を後から入れることは私文書偽造になるおそれがあります。

　実務的には、請求日付から 15 日以内に支払うことは難しく、請求書が届いた日から 30 日以内の支払いをしている自治体も多いのではないでしょうか。この場合は相手方の事業者が支払いについて了解していると考えます。しかし、だからといって、支払日を安易に延ばすことはできません。

▶▶ 請求書の宛名不備

　請求書の不備として多いのが「宛名」です。宛名は自治体が法律行為を為す主体者ですので首長になります。具体的には「○○市（町・村）長○○○○」になります。契約に基づいて、相手方が自治体に対して代金を請求する場合を考えればわかりやすいと思います。この場合は契約書に記名押印されるのは首長の印になります。そのため、契約に基づく請求書も首長に訂正してもらうほうがよいでしょう。

　ところが、契約の締結を要しない取引も多くあり、そのような場合などは「○○市○○課」とか「○○課○○様」といった請求書の宛名で請求されることがあります。厳密に審査するならば請求書の差し替えを依頼することもできるでしょう。そのあたりはケースバイケースで自治体によって判断が違う場合もあるでしょう。

　実務においては、宛名が簡略された名称でも、請求の相手方が特定できる場合は有効な請求書であると考えられています。最終的な判断は、地方自治法第 232 条の 4 の規定に基づく会計管理者の判断ということになります。

　宛名不備の場合の習志野市の対処の仕方を紹介します。請求書の宛名はそのままにして、その上の余白に「習志野市長　○○○○」というゴム印を押す（あくまで補正ということで改ざんではない）処理を容認しています。この場合、請求書の宛名を二重線で訂正をすることはだめで

す。宛名の空欄も同様の処理で補正しています。このような請求書は消耗品の購入や食糧費の支払いなど既に役務の提供が終了していることが容易に確認できることと、金額が僅少であることもその理由です。常連の業者であれば、次回以降は正しい宛名で請求をするように依頼しています。また、私の経験では、宛名の市長氏名が違っていた場合もあったのですが、常連の業者であったこともあり、支払期日に余裕があったので、請求書の差し替えをお願いしたこともあります。

　首長が事故または欠員の場合に職務代理者が事務の執行を行う場合においては、首長宛ての請求書を職務代理者に訂正させる必要があるかというと、首長の氏名の表示は請求の効力に影響するものでないので、あえて職務代理者に訂正をする必要はありません。ただし、自治体が作成する公文書等や契約書などは職務代理者名にする必要があります。

12 支払遅延防止法

▶▶ 政府契約の支払遅延防止等に関する法律

　この法律は、昭和24年12月12日法律第256号として成立しました（略称：支払遅延防止法）。14条から成るシンプルな条文です。この条文の第14条において、「この法律の規定は、地方公共団体のなす契約に準用する。」と規定されています。このことからすべての地方自治体が、この適用を受けます。この法律制定時から現在まで、基本的な内容は変更されていません。

　強いていえば、昭和25年4月7日付理国第140号の大蔵省理財局長から各省（庁）官房会計課長宛ての当該法の運用指針の中で、「連合国軍の要求に基く……処理をすることは差し支えない。」「連合国軍の調達要求に基き……国の検収があつたものとして処理をすることができる。」「『ポツダム』宣言（昭和20年勅令第54号）の受諾に伴い……この法律の適用は受けない。」などの記載があったくらいです。法律制定時は、日本が連合国軍の支配下の影響を受けていたことがわかりますね。

▶▶ 支払遅延防止法の基本方針とは

　法成立当時の運用方針を紹介したいと思います。
「この法律は、国の会計経理事務処理の能率化を図り政府契約の支払を促進するとともに、従来兎角官尊民卑的傾向に陥り、ややもすれば片務性を有することが当然であるかの如き先入観の存する虞のあった政府契約をして、私法上の契約の本質たる当事者対等の立場において公正に締結せしめ信義則の命ずるところにより相互の円滑適正な履行を確保せん

とするものである。従つて、合意の名のもとに契約の本質にもとるが如きことをなさないことはもとより、単に遅延利息の支払をもって、支払遅延の責を免れ得るとの安易感を抱くことなく約定期間内の支払を励行するよう厳に留意すべきである。なお、この法律の適確円滑なる施行を期する反面、相手方の履行をも厳格に励行せしめるよう措置をすることが必要である。」

今となっては、このような基本方針を知っている自治体の職員は少ないかもしれません。

▶▶ 支払遅延に対する遅延利息の額

この法律の中で、支払いの時期が定められており、通常は請求を受けてから30日とされています。支払期日までに支払われなかった場合の遅延利息の額は、法律の条文では銀行の一般貸付利率を勘案することとなっており、現在は財務省が物価上昇率などの経済状態により、数年に一度くらいで改正されます。

※令和3年3月9日財務省告示第49号（令和3年4月1日適用）では年2.5％

▶▶ 会計管理者の独り言

自治体の支出の原則は、債権者のために行うことは当然です。このことから、正当債権者からの請求を受理したならば、会計管理者としては内容を確認後、速やかに支払いの処理を実施します。支払遅延防止法に基づく遅延利息の事例は発生していません。

ところで、市の歳入（収入）の中で、国や県からの補助金収入などがあります。これは、国や県の事業または国や県の補助を受けた事業の事業費の国や県の負担分です。これらは、市の方で事業を実施し、支払いを行っています。簡単にいえば、市で一時的に現金の立て替えをしているようなものです。市の資金繰りの関係からも、なるべく早く入金してもらいたいところです。

13 ◆食糧費の執行

▶▶ 食糧費執行の7か条

　食糧費は過去に不適切な執行があったことから特に厳しく規定されています。

　食糧費の執行にあたっては、「地方公共団体の行政運営及び予算執行の適正化について（通知）」（平成7年8月15日）によると「…食糧費等の支出については、それが公費をもって賄われていることを強く意識し、いやしくも社会的に批判を招くことのないよう、厳に節度ある対応をはかられたい。」とされています。

　ここでは、習志野市での具体的な取扱いについて紹介します。

1．執行については、必ず伝票に食糧費附表を添付します。
　⇒食糧費を執行した対象出席者を記載します。
2．食糧費附表は公開対象です。
　⇒公務員の氏名は公開情報です。また、市の審議会・委員会の委員も公務員と同様に扱われるため氏名を隠すことはできません。ただし、ボランティアなどの市民の氏名は非公開にできます。
3．市政運営の透明性、食糧費執行の適正化を図るために、個人が特定できるものはできる限り記載をします。
4．会議の開催日時は、基本的に昼を挟まずに行います。
5．会議においては、飲料を対象とし、茶菓子等は極力控えます。
　⇒意見交換を促すための茶話会形式で行う場合は、構いません。
6．1人当たり5,000円を超える食糧費については次長決裁とします。
7．会議に出席する市職員は、相手方を配慮し最少の人数とします。

食糧費の取扱いに関するＱ＆Ａ

食糧費の取扱いについて、習志野市における各部署からの代表的な疑問点を以下のようにまとめてみました。

Ｑ：飲食をした場合にその当事者は附表が作成され、仮に氏名が公表されるなら、「飲まない」「食べない」という人がいるのではないか。公表の際は事前に本人の承諾が必要ではないか。

Ａ：情報公開制度の中では、委員の氏名や会議での発言、報酬や食糧費の執行について、公開請求があれば公開されることが前提であることから、情報公開があることを本人へお知らせすることが望ましいと考えます。また、公開されるのであれば、「やらない、食べない、飲まない」と考えるのではなく、「市政運営のために協力している上で伴うことだから」と考えてほしいこと、過度な飲食をしているわけではないので堂々としてほしいことを説明していただきたいです。

Ｑ：会議等で使われる飲食物は、行事の事前に用意されるものであり、当日に欠席の場合でも附表には出席したかのように名前が記載されてしまうことがあるのではないか。

Ａ：準備の段階ではあくまで出席予定者分を揃えるものであり、突然、欠席された方の分は後で処分するしかありません。事前の出欠予定、当日の出欠の状況をきちんと整理し、説明できるようにしておけば問題はないと考えます。

第3章

収入事務の
ポイント

1 ◈収入と収入事務

▶▶ 収入とは

　収入とは、自治体の各般（＝それぞれの方面・分野）の需要を充たすための支払いの財源となるべき「現金等の収納」をいいます。
　主な収入として、市税・地方交付税・分担金および負担金・使用料および手数料・国庫支出金・財産収入・寄附金・市債などがあります。

▶▶ 収入事務とは

　収入事務とは、予算に基づき現金を収納する一連の行為に係る事務で、①徴収（歳入の調定と納入の通知）と、②これに基づいて現金を収納する行為に区分されます。
　事務の手続きについては、地方自治法および地方自治法施行令、自治体の財務規則等に定められています。

2 収入事務の流れ

収入事務の具体的な流れ

収入事務のフローには図表3-1と図表3-2があります。この図表3-1は原則的なフローになりますので、まずこのフローを理解することが必要です。

納入通知書を発行する場合（金融機関で納める場合）

収入の原則的フロー（図表3-1）から概要を説明していきたいと思います。最初に担当課が調定〔収入すべき〕という長の内部決定を行い（図表中①）、次に、納入義務者に支払ってくださいという意味の納入通

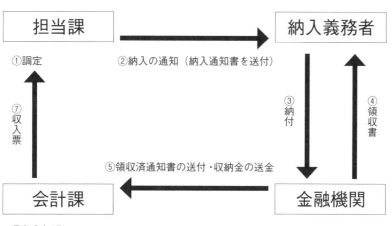

図表3-1　収入のフロー（原則）

知書（図表中②）を送付します。納入義務者は支払いのために金融機関へ納付書（図表中③）と一緒に現金の支払いをします。金融機関は現金を受け取ったので納入義務者に対して、領収書（図表中④）を渡します。金融機関は公金の収納をしましたので、会計課に領収済通知書の送付と収納金の送金（図表中⑤）をします。会計課では収納金の収入処理（図表中⑥）をします。その後、会計課は収入処理した内容を収入票（図表中⑦）と納入済通知書を担当課に回付（返却）して、担当課にて収納処理（消し込み作業）をします。この一連が原則的な事務フローです。

納入通知書を発行しない場合（役所の窓口等で納める場合）

　ここで、例外処理の代表的なものを紹介します。現金収納を役所で行う場合です。

　例えば、住民票の写しを役所にとりに来た場合を考えてみてください。図表3－2の場合ですが、調定をしてから納入の通知をするといった時間的な余裕がありません。この場合は、役所の窓口に住民票の写しの手数料は300円などと掲示（図表中①）する必要があります。また、この金額は手数料条例などで決めておく必要もあります。ここで、納入義務者は300円を納付（図表中②）して住民票の写しを受け取ります。

　このときに担当課は領収書（図表中③）を渡します。規則などに定めれば、レシートの交付でも可能です。担当課は金融機関にこの収納金の払い込み（図表中④）を行います。

　金融機関は収納したということで担当課に領収書（図表中⑤）を渡します。金融機関は領収済通知書の送付・収納金の送金（図表中⑥）をします。

　会計課では収納金の収入処理（図表中⑦）をします。その後、会計課は収入処理した内容を記載した収入票（図表中⑧）と領収済通知書を担当課に回付（返却）して、担当課にて収納処理と同時に調定（図表中⑨）を行います。

　図表3－2の図表3－1との違いは「調定」が最後になってしまうことです。事後調定とも呼ばれていますが、これはあくまで例外的な現金収納の場合だということを理解する必要があります。

図表3-2 収入のフロー（例外：現金収納）

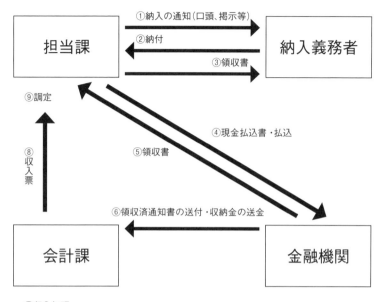

3 ◆ 調定

▶▶ 歳入の収入の方法

　地方自治法の規定では、自治体が歳入を収入するときは、政令の定めるところにより、これを調定し、納入義務者に対して納入の通知をしなければならないという規定があります。ここでいう政令とは、地方自治法施行令であり、その中で、歳入の調定および納入の通知が定められています（地方自治法第231条、同法施行令第154条）。

①歳入の調定は、当該歳入について、所属年度、歳入科目、納入すべき金額、納入義務者等を誤っていないかどうか、その他法令または契約に違反する事実がないかを調査しなければならない。
②歳入を収入するときは、地方交付税、地方譲与税、補助金、地方債、滞納処分費その他その性質上納入の通知を必要としない歳入を除き、納入の通知をしなければならない。
③納入の通知は、所属年度、歳入科目、納入すべき金額、納期限、納入の場所および納入の請求の事由を記載した納入通知書でこれをしなければならない。ただし、その性質上納入通知によりがたい歳入については、口頭、掲示その他の方法によってこれをすることができる。

　この①から③の内容は地方自治法施行令の規定なので、どの自治体も守る必要があります。この「調定」は「調停」とも間違えられることもあります。ここでは「調定」を覚えてください。自治体特有の言葉であるかもしれませんが、非常に重要な言葉なので、地方自治法や地方自治法施行令の条文をしっかり理解することが必要です。調定の運用につい

て、自治体がそれぞれ手続的なものを規則などで定めているのが一般的です。

▶▶ 具体的な事務処理

調定の意味と具体的な内容説明を含め、習志野市の例で紹介します。

調定とは、自治体の歳入を徴収するにあたって、自治体の長が、その歳入の内容（所属年度、歳入科目、納入義務者、納入金額等）を調査し、収入すべきことを決定する内部意思決定行為です。

調定は、歳入予算の執行に係る意思決定行為であるので、原則、納入通知を収納の前に行うことになっています。ただし窓口等での収入は、現金の収納後に行い、また財政担当部長が特に必要があると認める収入に係るものは、その月の末日に当該月の収入を合計した額をもって調定することができます（習志野市財務規則第26条第2項）。

また調定は、会計年度独立の原則に基づき、必ず年度内（3月末まで）に処理をしなければなりませんが、出納整理期間中の起票に関しては、会計課からの通知の内容に従って処理することになっています。

調定は、調定決議書によって行い、直ちに会計管理者へ通知しなければなりません（習志野市財務規則第29条）。具体的には、会計課へ調定決議書（証拠書類は担当課保管）を提出することになります。

▶▶ 歳入の会計年度所属区分

調定の時期をどの年度にするかは特に重要な内容です。地方自治法施行令の中で定められている主なものとして以下のものがあります（地方自治法施行令第142条）。

①法令や契約によって時期の一定している収入
　⇒その納期の末日の属する年度
　○契約により納入が定められている賃借料
　○条例で納入期限が定められている公営住宅の家賃など

②随時の収入で、納入通知書等を発しているもの
　⇒通知書等を発した日の属する年度
　○手数料
　○分担金など

③随時の収入で、納入通知書等を発しないもの
　⇒領収した日の属する年度
　○預金利子
　○延滞金など

▶▶ 調定の時期及び額

　調定の時期や額については、財務規則等で定めるとともに、わかりやすく自治体の会計事務などで定めておく必要があります。この調定行為は、重要な行為であるからこそ、そのときどきの解釈によって取扱いが違ってしまうことは望ましくありません。

図表３－３　調定の時期及び額等について（例）

	予算科目	調定の時期	調定の額
1	市税		
	現年度分	賦課額を決定したとき	賦課決定した額
	滞納繰越分	滞納額を繰越したとき	滞納繰越した額
2	地方譲与税	交付決定のあったとき	交付決定のあった額
3	利子割交付金		
4	配当割交付金		
5	株式譲渡所得割交付金		
6	地方消費税交付金		
7	環境性能割交付金		
8	地方特例交付金		
9	地方交付税		

	予算科目	調定の時期	調定の額
10	交通安全対策特例交付金	交付決定のあったとき	交付決定のあった額
11	分担金及び負担金	負担額の確定したとき	負担の確定した額
12	使用料及び手数料		
	一般的なもの	使用許可をしたときまたは収入を決定したとき	納入通知書により徴収しようとする額
	金銭登録機によるもの	収入を決定したとき	収入した額
13	国庫支出金	交付決定のあったとき	交付決定のあった額
14	県支出金		
15	財産収入		
	財産運用収入	単年度貸付のものは契約を締結したとき、長期貸付のものは年度当初	契約金額
	基金運用収入	収入を決定したとき	収入を決定した額
	利子及び配当金	支払期日が到来したときまたは支払通知があったとき	収入を決定した額
	財産売払収入	契約を締結したとき	契約金額
16	寄附金	寄附受入れを決定したとき	寄附受入れを決定した額
17	繰入金	繰入れを決定したとき	繰入れを決定した額
18	繰越金	繰越したとき	繰越した額
19	諸収入		
	延滞金・加算金及び過料	収入を決定したとき	収入を決定した額
	市預金利子	収入を決定したとき	収入を決定した額
	貸付金元利収入	収入を決定したとき（長期に係るものは年度当初）	契約金額
	受託事業収入	収入をしたとき、または利益配分金の通知があったとき	収入した額、または利益配分金の通知があった額
	雑入	収入金の種別に応じて上記をそれぞれ準用する	
20	市債	借入れを決定したとき	借入れを決定した額

4 収納

▶▶ 納入の通知

　調定により収入すべき金額を確定した後、納入義務者に対し納入の通知を行います。通知は、①納入通知書、②口頭、③掲示等の方法で行います。納入通知書による場合は、あらかじめ（例えば納期限の7日前までに財務規則で定めるのが望ましい）、納入義務者に通知しなければなりません（地方自治法第231条、同法施行令第154条）。

▶▶ 収納の方法

　収納は、①金融機関、②出納員・分任出納員、③収納事務受託者、④指定代理納付者が行います。

①金融機関が行う場合

　市の収納事務を取り扱う金融機関（指定金融機関、収納代理金融機関）では、「現金」「口座振替」「証券」により、収納を行います。

　市の収納事務を取り扱う金融機関は、納入通知書に記載されています。

②出納員・分任出納員が行う場合

　出納員・分任出納員（公金を取り扱うことができる職員）は、習志野市の場合、財務規則別表第6で定められた業務について、市役所窓口等で直接収納することができます。定められた出納員・分任出納員以外の職員は、現金を扱うことはできないので、十分に留意してください。

　市の業務のうち、会計管理者がつかさどる業務（会計業務）が地方自

治法に定められており、その一部（現金の直接収納）を出納員および分任出納員に委任できることになっています。

収納した現金は、当日（やむを得ない場合は翌日）に現金払込書で金融機関（指定金融機関の総括店）に払い込みます。

納入通知書と現金払込書は、使用方法が違います。納入通知書は納入義務者が、金融機関に支払いをする際に使用するもので、現金払込書は出納員または分任出納員が、役所の窓口で直接収納した現金を金融機関に支払う際に使用するものです。

③収納事務受託者が行う場合

収納事務委託を受けた私人は、収納事務受託者として収納行為をすることができます。例えばシルバー人材センターは、勤労会館使用料・市民会館使用料・自転車等駐車場の一時利用登録手数料・放置自転車移送保管料などを収納することができます。

④指定代理納付者が行う場合 ※指定納付受託者制度へ変更（2022年1月4日施行）

納入義務者が、指定代理納付者に納付させることを申し出た場合は、指定代理納付者が、当該歳入を納付することができます（※旧地方自治法第231条の2第6項）。

クレジットカードや電子マネー利用による収納方法のことで、クレジットカード会社等が指定代理納付者となります。

習志野市では、「クレジットカード等による寄附金（ふるさと納税）の収納」と「電子マネーによる自転車等駐車場一時利用手数料の収納」について限定的に取扱い可能となっています。

▶▶ 指定金融機関・収納代理金融機関

自治体の出納は会計管理者がつかさどるのが建前ですが、現実は出納事務の効率的な運営と安全を図る見地から、金融機関を指定して公金の収納等の取扱事務を行わせています（地方自治法第235条、同法施行令

第168条)。

　指定金融機関とは、自治体が公金の取扱いをするのに適しているとして指定した金融機関です。都道府県は必ず指定金融機関を指定して、公金取扱事務を処理させなければならないとされていますが、市町村は任意制となっています。現実にはほとんどの自治体が指定金融機関を指定しています。収納代理金融機関は自治体の長が必要と認めるときは指定金融機関をして、その取り扱う収納の事務の一部を取り扱わせるために指定されるものであり、その数や地域にも制限がありません。

```
　　自治体の公金取扱いの流れ

①収納代理金融機関…公金の収納事務を行う
　　↓
②とりまとめ店………収納代理金融機関のうち、とりまとめをする店舗
　　↓
③指定金融機関………公金の収納および支払いの事務を総括する店舗
　（総括店）　　　　指定金融機関の総括店以外の店舗で収納された公
　　　　　　　　　　金も、総括店に送金される
```

　銀行に払い込まれた公金は、上記の①から③を経て、領収済通知書とともに会計課に届けられます。
　なお、習志野市の場合、ゆうちょ銀行は収納代理金融機関として指定されていませんが、市との協定に基づき市税等の収納のみ取り扱っています。
　市税等の収納は市民税・固定資産税・都市計画税・軽自動車税・国民健康保険料・介護保険料・後期高齢者保険料のみです。これは住民の利便性を図るための特例措置となっています。

▶▶ 収入票

　収入日の２営業日後に、指定金融機関（総括店）から、納入済（領収

済）通知書が会計課に届けられますので、その日の内に財務会計システムへ入力します。

　会計課で入力処理された収入は、納入済通知書に収入票を添付して担当課に送付しますので、担当課で整理簿の記入・調定決議書の起票の有無等の確認をしています。

　収入票には収入日・会計年度・収入科目・件数・収入金額が記載されています。

　収入票に誤り等がある場合は、会計課での処理日（収入日の2営業日後）の翌日の午前中までに会計課へ連絡します。以後の修正は振替命令書による処理となります。

　収入票中の収入日は、市の公金として収支日計報告書に計上します。
　「収納日」と「収入日」は習志野市財務規則で次のように定義されています。

　収納日（領収書の日付）
　…納入義務者が金融機関（窓口）や出納職員等に支払いをした日
　収入日（収入票の収入日）
　…指定金融機関の総括店の口座（指定金融機関会計管理者口座）に入金された日
　〈注〉　収納日と収入日の間に数日の開きがあるので、出納閉鎖日（5月31日）前後は特に注意する必要があります。

　会計年度は、毎年4月1日に始まり、翌年の3月31日に終わります。収入の原因が年度末の3月31日までに発生したものは、その年度の収入として処理しなければならないため、未収の債権の回収のための整理期間である「出納整理期間」（翌年4月1日～5月31日）が設けられています（地方自治法第235条の5：出納の閉鎖）。

　例えば、5月31日に指定金融機関以外の銀行で前年度の公金が収納された場合、通常は、6月1日以降に指定金融機関に送金されますので、収入日は、6月1日以降になり、前年度においては、収入未済となってしまいます。

5月31日まで前年度分として収入処理するためには、直接、指定金融機関で納入するか、他銀行であれば、早め（出納閉鎖の10日ほど前）に納入してもらう必要があります。

　6月1日を過ぎた場合は、新年度の収入になり、6月1日に、過年度分の歳入として調定し、処理することになります（地方自治法施行令第160条）。

5 その他の収入事例

▶▶ 歳出戻入

　歳出の誤払いまたは過渡しとなった金額を返納させる場合には、収入の手続きの例によって、これを当該支出した経費に戻入しなければならないとされています（地方自治法施行令第159条）。例えば、正当債権者でない人に誤って支出した場合や、正当債権者に支出した金額が過渡しとなった場合に、通常の歳入として取り扱うと、その額と同額を再度歳出予算に計上しなければならないこととなるため、当該支出した経費に戻入をすることが必要です。

　なお、歳出戻入は収入であっても、通常の収入処理ではないため、収入票が作成されません。したがって、会計課で入金が確認された旨を担当課に連絡することも必要です。

▶▶ 振替収入

　支払い（歳出、歳入還付）が、そのまま市の収入（歳入、歳出戻入）となる場合には、実際に現金を支出し収入することはせずに、「振替処理」をします。

　具体的には、次のような場合です。

①滞納者の預金等を差押え、その代金を保管金会計で預かっていた場合に滞納している税金（市民税など）に対してその代金を充当するときは滞納者が税金を納入したこととします。
②粗大ごみを取り扱う業者に一定の手数料を支払う契約をしている場合

に、その業者が手数料を差し引いて市に納入することを認めたとき、仮に1,000円の委託料で100円の手数料を払う約束の場合、業者に1,000円を市に納入させ、その後に手数料100円を業者に支払うべきですが、お金のやり取りが大変なので業者に900円を納入させ、振替収入という形で収入と支出の処理を行うことにより、1,000円の収入と100円の支出の決算ができることになります。この方法は地方自治法施行令第164条で認められた「繰替払」といいます。

③市営住宅に入居者が退去した場合に未納の家賃を、預かっている敷金で精算するときは市営住宅の収入ということになります。

④本来、こども園保育料としなければいけなかったのを幼稚園保育料とした場合は幼稚園保育料の収入を減額し、こども園保育料の収入処理をすることになります。

上記のような処理は、内容に応じて添付書類を求めることになります。

▶▶ 還付未済金の取扱い

「還付未済金」とは、歳入において誤納または過納となった金額を納入者に払い戻そうとしたが、出納閉鎖までに返すことができなかったもの（還付未了のもの）をいいます。

図表3-4　還付未済とは

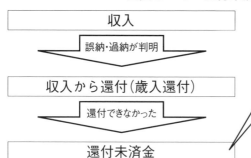

図表3-5 還付未済～調定との関係～

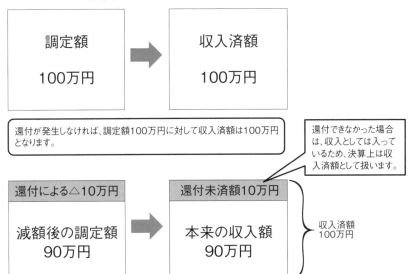

還付が発生しなければ、調定額100万円に対して収入済額は100万円となります。

還付できなかった場合は、収入としては入っているため、決算上は収入済額として扱います。

還付発生したときは調定額減額して還付を行います（原則：調定が正しくて二重納付の場合は調定を減額しない）。無事還付が完了すれば、調定額90万円に対し、収入済額90万円となります。しかし還付未済が発生すると、還付未済金は収入済額に含まれるので、このまま決算上は収入済額から控除しないと、調定額（90万円）より収入済額（100万円）が多くなってしまう事態が生じます。

図表3-6 事務処理の流れ（例）

現年度

3月31日（年度最終日）　歳入還付発生

　↓ 返すことができなかった

5月31日（出納閉鎖日）　還付未済額が確定⇒会計管理者へ還付未済額を通知

　↓

決算事項別明細書に還付未済額を表示

事項別明細書の記載内容（例）
　普通徴収　　　　　　　　　　△,△△△,△△△
　（うち還付未済額）　　　　　　　□,□□□

　↓

翌年度以降

6月1日　還付未済金の整理簿＊を作成

＊財務規則第36条では過誤納付金還付充当整理票及び歳入還付命令書

6月1日以降　【翌年度以降に還付を行う場合】
歳出（23節）償還金利子および割引料から支出
還付が終了⇒整理簿に記載（消込作業）

　↓ 還付不可能

時効が成立⇒起案で消滅の手続き

※還付未済となったものは、翌年度以降収入未済と同じ管理をしていきます。還付の都度、消込作業を行い、最終的に時効が成立した時点で、起案して消滅の手続きを行います。

▶▶ 戻入未済金の取扱い

　「戻入未済金」とは、歳出において、「誤払い」または「過渡し」となった金額がある場合に、それを返納してもらうよう手続きをしたが、相手方から返されなかった支出をいいます。

　ここでいう、誤払いとは、支出の原因がないにもかかわらず、誤って支出されたことで、過渡しとは、正当債権者に対する支払いにおいて、計算違い等により、正当な金額を超えて支出されたことです。誤払いまたは過渡しにならない場合は、歳出戻入ではなく通常の歳入の処理になります。

図表3-7 戻入未済とは

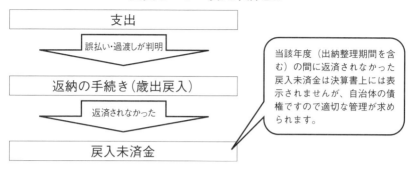

図表3-8 戻入未済（支出負担行為との関係）

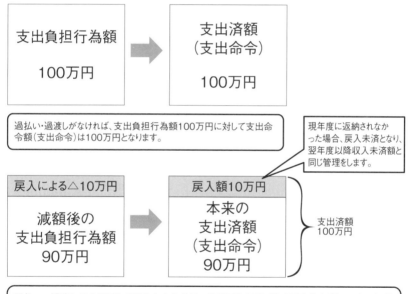

誤払い・過渡しによる戻入が発生したときは、歳出戻入伝票（歳出戻入命令書）による処理を行います。このとき、戻入伝票を起票すると支出負担行為額が減額になり、返納があった場合は支出済額に消し込みされて「支出負担行為＝支出済額」となります。この返納がなかった場合、「支出負担行為＜支出済額」となってしまいます。ここで注意することは決算書と財務会計システムの支払済額が合致しないことです。これは、決算書が実際の現金の支出額を示しているのに対し、システムでは（実際に払っている、いないにかかわらず）伝票による支出額を表しているからです。

図表3-9　事務処理の流れ（例）

【現年度】

3月31日（年度最終日）　　歳出戻入発生

 返納がされなかった

5月31日（出納閉鎖日）　　戻入未済額が確定⇒歳出戻入伝票は取消しない

【翌年度以降】

6月1日　　戻入未済金の整理簿を作成
　　　　　　6月1日付で歳入（雑入の科目）で調定伝票を起票

6月1日以降　　【翌年度以降に返納された場合】
　　　　　　　通常の歳入処理
　　　　　　　返納（収入）の都度⇒整理簿に記載（消込作業）

 返納（収納）不可能

時効が成立⇒不納欠損の処理

※戻入未済となったものは、翌年度以降収入未済と同じ管理をしていきます。収入の都度、消込作業を行い、最終的に時効が成立した時点で、不納欠損の処理を行います。

6 収入の予算科目

▶▶ 収入科目・歳入科目・予算科目

　ここで「収入」「歳入」「予算」という言葉を整理したいと思います。
　まず、「収入」とはお金が入ってくるということです。この収入はあらかじめ「調定」されていて、入ってくることが予定されています。1件1件の伝票（収入票）の段階では「収入」ということになります。
　一方、「歳入」とは自治体の1年間の会計年度の収入のことをいいます。この歳入が決算の数字になります。

　　　図表3-10　予算から決算までの収入の捉え方

　「予算」とは、どのような理由でお金が入ってきたかを整理するためのものです。用途および種類を明らかにするために、その性質に従って「款」に大別し、かつ各款中において、さらに、これを項に区分しています。

▶▶ 款・項とは

　款・項の内容は、歳出と同様に議会の議決の対象となるものなので、会計課に限らず自治体職員としては覚えておきたい内容です。

　款・項の概要を理解することにより、調定の時期および額等について理解が深まると思います。

図表3-11　歳入の款・項（例）

款	項	内容
市町村民税 （地方税）※1	市町村民税	住民等に行政経費の一部を負担させる税
	固定資産税	土地、家屋および償却資産に対して課税される税
	軽自動車税	軽自動車の所有者に対して課税される税
	市町村たばこ税	たばこの消費等に課税される税
	鉱山税	鉱物の掘採の事業に対して課税される税
	特別土地保有税	投機的な目的で土地の取得等に課税される税
	入湯税	入湯客の入場行為に対して課税される税
	事業所税	床面積や従業員数などが一定以上の事業者等に対して課税される税
	都市計画税	都市計画区域内の土地または家屋に課税される税
	水利地益税	水利に関する事業等の費用に充てるために、利益を受ける者に対して課税される税
	共同施設税	共同作業者、共同倉庫、共同集荷場、汚物処理施設等施設の費用に充てるために、利益を受ける者に対して課税される税
	○○税	法定外普通税を徴している場合は、原則として「項」として計上する。 （市町村事例）別荘等所有税、砂利採取税、使用済核燃料税等
	旧法による税	地方税の改正等により現行法では存在しない税について、課税権があり、当該年度において収納される税

款	項	内容
地方譲与税※2	地方揮発油譲与税	地方税揮発油税法の規定による地方揮発税の収入額に相当する額が譲与されます。従来の地方道路譲与税の名称が改められました。
	自動車重量譲与税	自動車重量税の規定による自動車重量税の収入額の3分の1（当分の間は1000分の407）に相当する額が譲与されます。
	地方道路譲与税	平成21年度税制改正（道路特定財源の一般財源化）により、名称が「地方道路譲与税」から「地方揮発油譲与税」に改正されました。
利子割交付金	利子割交付金	都道府県は、納入された利子割額から事務費を控除した残りの5分の3に相当する額を市町村に交付します。
配当割交付金	配当割交付金	都道府県は、納入された配当割額から事務費を控除した残りの5分の3に相当する額を市町村に交付します。
株式等譲渡所得割交付金	利子割交付金	都道府県は、納入された配当割額から事務費を控除した残りの5分の3に相当する額を市町村に交付されます。
地方消費税交付金	地方交付税交付金	都道府県は、都道府県間における精算後の地方消費税収入額の2分の1に相当する額を人口および従業員数に応じて市町村に交付します。
自動車取得税交付金	自動車取得税交付金	令和元年10月1日より環境性能割交付金に制度変更
地方特例交付金	地方特例交付金	地方特例交付金等の地方財政の特別措置に関する法律（平成11年法律第17号）により、恒久的な減税に伴う地方税の減税額の一部を補てんするために、将来の税制の抜本的な見直し等が行われるまでの間に交付される交付金です。
地方交付税	地方交付税	所得税、法人税、酒税、消費税の一定割合および地方法人税の全額とされている地方交付税は、自治体間の財源の不均衡を調整し、どの地域に住む国民にも一定の行政サービスを提供できるよう財源を保障するためのもので、地方の固有の財源です。
交通安全対策特別交付金	交通安全対策特別交付金	自治体が道路交通安全施設の設置およびその管理に要する経費に充てるため創設された財政制度であり、道路交通法128条1項の規定により納付さる反則金に係る収入見込額から郵送取扱手数料相当額、通告書送付費支出金相当額を控除した金額が交付されます。

款	項	内容
分担金および負担金	分担金	自治体が特定の事業に要する経費に充てるため、当該事業によって利益を受ける者に対し、その受益を限度として公権力に基づいて賦課徴収する金銭です。(地方自治法224条)
	負担金	分担金と同じ性格を持つものです。地方自治法施行規則15条の区分で分担金と負担金を分けて示されていますが、実態としては両者の区分の実益は見当たりません。
使用料および手数料	使用料	使用料は、行政財産の目的外使用または公の施設の利用の対価として、その利益を受ける者から徴収するものです。
	手数料	手数料は、住民票や戸籍などの自治体の特定の行政サービスを受ける者から徴収するものです。
国庫支出金	国庫負担金	国庫負担金は、法律または政令に負担の割合が定められています。 ※生活保護費負担金（国3/4）など
	国庫補助金	国庫補助金は、国が自治体の特定の施設または事業を奨励発展させるために財政上特に必要がある場合に支出されます。 ※社会保障・税番号制度補助金（国10/10）
	国庫委託金	国庫委託金は、法令によって自治体によって義務付けられた事務でありますが、本来的に国が実施すべき事務を自治体が実施するために必要な経費について交付されるものです。 ※自衛官募集事務委託金など
都道府県支出金	都道府県負担金	都道府県負担金は、法律または政令に負担の割合が定められています。 ※応急仮設住宅借上費負担金（県10/10）など
	都道府県補助金	都道府県補助金は、都道府県が自治体の施設または事業を奨励発展させるために財政上特に必要がある場合に支出されます。 ※乳幼児医療費助成事業補助金（県1/2）
	都道府県委託金	都道府県委託金は、法令によって自治体によって義務付けられた事務でありますが、本来的に都道府県が実施すべき事務を自治体が実施するのに必要な経費について交付されるものです。 ※県民税徴収事務費委託金など
財産収入	財産運用収入	財産貸付収入、利子および配当金など
	財産売払収入	不動産売払収入、物品売払収入、生産物売払収入など
寄附金	寄附金	寄附金収入は民法上の贈与で、金銭の無償贈与です。使い道が特定されない一般寄附金と使い道を限定した特定寄附金があります。

款	項	内容
繰入金	特別会計繰入金	特別会計からの繰入金
	基金繰入金	基金会計からの繰入金
	財産区繰入金	財産区を設置している場合の財産区からの繰入金
繰越金	繰越金	自治体の決算の剰余金が地方自治法233条の2の規定により、各会計年度において決算剰余金が生じたときは、翌年度の歳入に編入しなければなりません。これを翌年度の歳入として編入する場合は、繰越金として受け入れます。
諸収入	延滞金、加算金および過料	法に基づき徴収する延滞金、加算金および過料のほか、他の法令の規定に基づき徴収する延滞金、加算金および過料などの収入科目でまとめたものです。
	市町村預金利子	歳計現金および歳入歳出外現金から生じた利子をいいます。財産（基金）から生ずる利子は財産運用収入（利子収入）となります。
	公営企業貸付金元利収入	地方公営企業法18条の2の規定により公営企業に貸し出された貸付金の元利償還金の収入です。
	貸付金元利収入	一般会計から自治体以外の者に直接貸し出された貸付金の元利償還金の収入です。
	受託事業収入	国庫支出金または都道府県支出金に属する委託金以外の一般からの委託を受託した場合の事業収入の区分であって、例えば公社、公団等からの受託事業の収入などが該当します。
	収益事業収入	自治体に実施が許されている宝くじ事業、競輪事業、競馬事業および競艇事業などの収入です。
	雑入	いずれの歳入科目にも該当しない場合の収入科目です。「目」として次のようなものがあります。 ・滞納処分費（地方自治法231条の3第3項） ・弁償金（地方自治法243条の2） ・違約金および延滞利息（地方自治法234条） ・雑入
地方債	地方債	地方債は財源の不足を補い、もしくは特定の事業に充てる目的で、自治体の信用において資金を借り入れる収入です。

※1 市町村民税（地方税）は自治体がその一般の経費に充てるため収入の目的をもって統治権に基づき一般住民より徴収する課徴金であって、地方税の定めるところにより賦課徴収されます。

※2 地方譲与税は国が国税として徴収し、一定の基準によって市町村に譲与されているものです。

図表3-12 調定の時期及び額について（例）

	予算科目	調定の時期	調定の額
1	市税		
	現年度分	賦課額を決定したとき	賦課決定した額
	滞納繰越分	滞納額を繰越したとき	滞納繰越した額
2	利子割交付金	交付決定のあったとき	交付決定のあった額
3	地方譲与税	交付決定のあったとき	交付決定のあった額
4	配当割交付金	交付決定のあったとき	交付決定のあった額
5	株式譲渡所得割交付金	交付決定のあったとき	交付決定のあった額
6	地方消費税交付金	交付決定のあったとき	交付決定のあった額
7	環境性能割交付金	交付決定のあったとき	交付決定のあった額
8	地方特例交付金	交付決定のあったとき	交付決定のあった額
9	地方交付税	交付決定のあったとき	交付決定のあった額
10	交通安全対策特別交付金	交付決定のあったとき	交付決定のあった額
11	分担金及び負担金	負担額の確定したとき	負担の確定した額
12	使用料及び手数料		
	一般的なもの	使用許可をしたときまたは収入を決定したとき	納入通知書により徴収しようとする額
	金銭登録機によるもの	収入を決定したとき	収入した額
13	国庫支出金	交付決定のあったとき	交付決定のあった額
14	県支出金	交付決定のあったとき	交付決定のあった額
15	財産収入		
	財産運用収入	単年度貸付のものは契約を締結したとき、長期貸付のものは年度当初	契約金額
	基金運用収入	収入を決定したとき	収入を決定した額
	利子及び配当金	支払期日が到来したときまたは支払通知があったとき	収入を決定した額
	財産売払収入	契約を締結したとき	契約金額
16	寄附金	寄附受入れを決定したとき	寄附受入れを決定した額
17	繰入金	繰入れ決定をしたとき	繰入れ決定をした額
18	繰越金	繰越したとき	繰越した額
19	諸収入		
	延滞金・加算金及び過料	収入を決定したとき	収入を決定した額
	市預金利子	収入を決定したとき	収入を決定した額
	貸付金元利収入	収入を決定したとき（長期に係るものは年度当初）	契約金額
	受託及び収益事業収入	収入をしたとき、または利益配分金の通知があったとき	収入をした額、または利益配分金の通知のあった額
	雑入	収入金の種別に応じて上記をそれぞれ準用する	
20	市債	借入れを決定したとき	借入れを決定した額

第4章

公金管理のツボ

◆金融機関の指定

▶▶ 金融機関制度の趣旨

　自治体の出納は、会計管理者が行うのが建前です。しかし、自治体の出納事務は、その取扱いが途切れることがなく行われ、事務量も多く、かつ、その事務が複雑多岐にわたること等において、これを会計管理者の下ですべて行うことは事実上不可能です。

　そこで、出納事務の効率的運用と安全を図る見地から、現金の出納事務について最も熟達している銀行その他の金融機関にその事務を処理してもらい、会計管理者は、支出命令の審査事務を確実に行うことができるようにしたのが、金融機関制度の趣旨です（地方自治法第235条）。

▶▶ 指定金融機関等

　金融機関の指定は、都道府県においては義務付けられていますが、市町村は任意です。総務省の平成26年4月1日時点の調査では、金融機関を指定していない町村は39団体とのことです。市はすべて指定しているということになります。

　金融機関の指定とは、地方自治法施行令で定める指定金融機関、指定代理金融機関、収納代理金融機関の全部を含めて指定する意味であり、金融機関は、地方自治法の定めるところによって、金融機関と称せられているものはすべて指しています（地方自治法施行令第168条）。しかし、指定金融機関は、地方自治法の規定により種々の制約を受けるので、その制約の範囲内において自治体の公金の収納および支払事務を取り扱うことができる金融機関ということになります。

金融機関の範囲

金融機関の範囲に別段の制限はありませんが、指定金融機関、指定代理金融機関、収納代理金融機関が金融機関の指定に含まれる対象となります。

①指定金融機関
自治体の議会の議決を経て、金融機関のうちから1つを指定し、当該自治体の公金の収納および支払いを取り扱わせるものをいいます。

②指定代理金融機関
自治体の長が指定する金融機関で、指定金融機関の取り扱う収納および支払いの両方の事務の一部を、代理して取り扱うものをいいます。

③収納代理金融機関
自治体の長が指定する金融機関で、指定金融機関の取り扱う収納の事務の一部のみを代理して取り扱うものをいいます。

指定金融機関等の手続き

金融機関の指定は、すべて指定に基づく具体的な契約の締結がないかぎり効力は発生しません。

自治体の長が、指定金融機関、指定代理金融機関または収納代理金融機関とする金融機関を指定し、または指定の取消しをしようとするときは、公金取扱いおよび責任の関係から、あらかじめ指定金融機関の意見を聴かなければならないとされています。ただし、長はこの意見に拘束されるものではないとされています。

指定金融機関の責務

指定金融機関の責務は、1つの指定代理金融機関および収納代理金融機関の公金の収納または支払いに関するかぎり、自治体に対して代表す

るという意味での総括機関であるということです。

　公金の収納または支払いの事務については、自己の指定金融機関の責任のみならず、指定代理金融機関および収納代理金融機関において取り扱う事務まですべて責任を負うというものです。

　指定金融機関は、その責任を担保する意味もあって、自治体の長の定める担保を提供することが義務付けられています。

▶▶ 指定金融機関等における公金の取扱い等

①指定金融機関等による公金の収納

　指定金融機関は、自ら収入に関する権限を有し、自己の意思によって公金の収納を行うことはできないとされています。必ず自治体の発する納税通知書、納入通知書、その他の納入に関する書類に基づき公金を収納しなければなりません。

②支払いについて

　会計管理者の振り出した小切手または支払通知に基づかなければ、支払いができないとされています。

③公金の預金口座への受入れ

　公金を収納したとき、または公金の払込みを受けたときは、これを当該自治体の預金口座に受け入れなければならないとされています。

④指定金融機関等の検査

　会計管理者は、指定金融機関等について定期および臨時に公金の収納または支払いの事務および公金の預金の状況を検査しなければならないとされています。

⑤指定金融機関等に対する現金の払込み

　会計管理者が、現金を直接収納したときは、速やかにこれを指定金融機関等に払い込まなければならないとされています。

2 現金出納検査及び公金の収納等の監査

▶▶ 現金出納検査とは

　現金の出納は、会計管理者の権限に属する現金の意味であって、毎月例日を定めて監査委員が検査をしなければならないとされています。

　この出納は、物品および有価証券（公有財産または基金に属するものを含む）の出納は含まれないものであり、現金出納のみが対象であることが定められています。なお、基金に属する現金も含んでいます。

　監査委員は、現金出納検査の結果に関する報告を、議会および長に提出しなければなりません。

　監査委員による現金出納の例月検査は、現金出納機関の毎月の事務処理の客観的保障をする意義があると同時に、現金保管に係る事故防止の手段としての意味があります。毎月の出納の帳尻と現金との突合せが不十分の場合は、公金の紛失等の事故につながるリスクが高くなります。

　ここでいう「検査」とは、監査よりも具体的に詳細に調べることを想定しています。現金出納の帳簿と現金の実際の所在について、確実に検査が行われることが求められています。このことにより、現金出納機関の毎月の計算証明がなされることになります。

▶▶ 公金の収納等の監査

　監査委員は必要があると認められるとき、または長の要求があるときは、指定金融機関等が取り扱う当該自治体の公金の収納または支払いの事務について監査をすることができます。この場合の監査の報告は議会および長に対して必要です。

監査委員の指定金融機関等に対する監査は、公金の特殊性に着目した監査であって、公金の収納または支払いの事務処理が法令の定めるところによって行われているのかどうかなどを監査します。通常は、会計管理者による指定金融機関等の検査の結果について報告を求め、報告内容に問題があれば、その上で監査をすることになります。

3 ◈一時借入金

▶▶ 一時借入金とは

　歳入と歳出との調和を欠いて、一時的に歳計現金に不足を生じた場合、その資金繰りとしてなされる自治体の借入金を「一時借入金」といいます。これは、財源となるべき収入金ではありません。

　自治体の予算は、「歳入」と「歳出」で収支のバランスがとれているのが前提です。ただし、収入と支出の時期が違いますので、一時的にお金が足りなくなる時期があります。民間でも「黒字倒産」といいます。

　例えば80万円分の仕入れ行い、100万円の売り上げがあったとします。ここでは20万円儲けているはずですが、その売上金が50万円しか回収できていない場合は30万円分の支払いができないこととなり、倒産してしまう、といった事例です。

　自治体でもこれと同じようなことがあると大変ですので、その場合は一時的に金融機関に借入れを行います。実務的には、財政調整基金などの基金があれば、そこから一時的に借り入れる「繰替運用」という手法をとることが一般的です。

▶▶ 一時借入金のポイント

　一時借入金のポイントは、以下のとおりです。

①一時借入金を借り入れるのは、自治体の長であって、会計管理者ではありません。
②一時借入金は、歳出予算内の支出であることが必要です。したがっ

て、既存の歳出予算を超過したり、あるいは歳出予算がないのに、予算成立を予想して借り入れることはできません。
③一時借入金は、以前は議会の単独議決を経てするものとされていましたが、現在は予算で定めた「借入れの最高額」を超えない限り予算の補正の必要はありません。
④一時借入金は、その会計年度の歳入をもって償還しなければならない点が、年度をまたがる地方債による借入れと異なります。
⑤一時借入金は、本来歳入として収入するものでないので、歳入歳出に属する現金である歳計現金には入らないものとされています。しかし、現金自体は、歳計現金と同様に、歳出予算に計上された経費の支出に充てられるものであるため、その出納および保管については、歳計現金と同じように扱うものとしています。

具体的な事務手続きの流れとして、習志野市の例を紹介します。

■**習志野市財務規則第158条**
（一時借入金）
第158条　一時借入金に係る現金は、これを歳計現金として取り扱うものとする。
2　会計管理者は、歳出金の支払に充てるため、一時借入金の借入れを必要と認めるときは、その旨及び借入必要額を財政担当部長に通知しなければならない。一時借入金を必要としなくなつたとき、又は出納閉鎖期日において借入残額があるときもまた同様とする。
3　財政担当部長は、前項の規定により一時借入金の借入れを必要とする旨の通知を受けたときは、借入額、借入先、借入期間及び利率について会計管理者と協議のうえ、市長の決裁を受けなければならない。これを返済する場合もまた同様とする。
4　財政担当部長は、前項の規定により一時借入金の借入れ又は返済について決裁を受けたときは、直ちに借入手続又は返済手続をとるとともに、その旨を会計管理者に通知しなければならない。
5　財政担当部長は、一時借入金整理簿を備え、一時借入金の状況を記録しなければならない。

4. 現金及び有価証券の保管

歳計現金

「歳計現金」とは、一会計年度における一切の収入または支出に係る現金のことです。歳計現金に属するか属さないかは、歳入歳出となるかならないかによって決められます。

すなわち、歳入歳出に属さない現金は、「歳入歳出外現金」といいます。

歳計現金は、会計管理者が指定金融機関その他の確実な金融機関への預金、その他最も確実かつ有利な方法によって、保管しなければならないものとされています。

最も確実かつ有利な方法とは、「安全で危険のない方法で、しかも最も経済的な価値を十分に発揮できる方法での保管」ということになります。

要するに、安全で利息の高いところということになりますが、利息が高いということはそれだけリスクもあります。そのため、通常は金融機関に預金して安全に保管することを指し、支払準備金に支障のないようにすることから、指定金融機関に歳計現金を保管することが一般的です。

歳入歳出外現金及び有価証券の保管

①歳入歳出外現金

「歳入歳出外現金」は、基本的に債権の担保として徴収するもので、例えば次のものです。

・指定金融機関の提供する担保
・財産売払代金の延納の特約に係る担保
・債権を保全するための担保
・納税の徴収に係る担保
・公営住宅の敷金

　そのほか、自治体の所有に属しない現金として、法律や政令などの規定により保管するものがあります。例えば次のものです。
・入札保証金などの保証金
・源泉徴収所得税
・特別徴収に係る住民税
・共済掛金
・社会保険料

②有価証券の保管
　有価証券は、支払証券としての収入印紙、郵便切手のようなものは含みません。また自治体の所有に属する有価証券もここでの保管対象には含まれません。対象はどのようなものかというと、歳入歳出現金に代えて保管される有価証券のことであり、このことから保管有価証券といいます。
　例えば次のものです。
・指定金融機関の提供する担保金として提供された有価証券
・入札保証金の担保金として提供された有価証券
・法令の規定により自治体が一時保管する有価証券

③現金の種類
　現金には、歳計現金と歳入歳出外現金のほか、一時借入金、基金の4つがあります。

④歳入歳出外現金および保管有価証券の出納・保管
　歳入歳出外現金および保管有価証券の出納は、支出の場合の長の命令

と同じように、自治体の長の通知がなければできないとし、このことは会計管理者との間の内部牽制機能が活用されています。

具体的な出納および保管は、歳計現金の出納および保管の例により行うとされています。現金は「歳計現金」と「歳入歳出現金」とを明確に区別する必要はありますが、現金の事務処理は同じであるからです。会計管理者の自らの権限による適宜の運用は許されません。

⑤公金の範囲

法令に根拠のないものは公金の範囲外です。例えば、自治体の機関が管理しているからといっても私金（歳入歳出外現金に該当しないお金）は範囲に入りません。

法令に根拠があったとしても自治体またはその機関が管理することとなっていない現金は、公金の範囲外となります。

5 ◆公金管理方針

▶▶ 公金管理の方針

　公金管理の方針とは、公金の保管と運用にかかる判断基準と決定までの手続きを定めたものです。自治体の規模によって異なる場合があると思いますが、ここでは、習志野市の事例について説明をしていきたいと思います。

①背景
　預金保険法が改正され、銀行に預金していれば「安全」でかつ「有利」であった時代が終わりました。公金についてもリスクを考えた運用に関する原理・原則やプロセスに関する合理的、客観的な運用ルールの策定が必要になったのです。

②方針の策定効果
　運用に関する判断の合理的、客観的基準を明らかにし、職員はこの定めに従い行動することにより、なぜこの金融商品を選択したかなどを問われた際に市民への説明責任を果たすものとなります。

③方針の体系図
　第1　目的
　第2　対象
　第3　管理目標
　第4　管理に従事する者の義務
　第5　公金を管理しようとするとき

第6　預け入れ先金融機関を選択しようとするとき
第7　選択の原則
第8　各公金の対策
第9　金融機関の経営状況を監視するにあたって
第10　報告体制

▶▶ 第1　目的

　この方針は、習志野市の管理する公金について、保管および運用の原則を定めることにより、安全で確実な管理を行い、その上で、支払準備に支障をきたさないようにしつつ、有利な運用を考慮した適正な管理を行うことを目的とします。

> **ポイント**
> ❶預金先金融機関が破綻した場合には、公金に該当する公営企業等を含むすべての預金が習志野市として合算（いわゆる名寄せ）されることから、習志野市としての統一的な対応を図る必要があるため、共通の基本方針を定めたものです。
> ❷「公金の管理」は、現金の保管にとどまらず、市民や金融機関等との間で、市民税や各種使用料等の収納を受けたり、習志野市側からの支払いを行う「公金収納・支払い」が含まれます。

▶▶ 第2　対象

　この方針の適用を受ける「公金」とは、次に掲げるものをいいます。

①一般会計・特別会計の歳計現金および歳入歳出外現金
②基金に属する現金
③地方公営企業の現金預金
④制度融資預託金

> **ポイント**
>
> ❶管理の対象となる公金を明確化したものです。
> ❷市長および企業管理者が管理する歳計現金等すべての公金を対象とします。企業会計に属する公金の管理は地方公営企業法の規定を踏まえますが、実務はこの方針の規定に従います。
> ❸給食費等として徴収したお金を小学校長名義の口座で管理している場合も、小学校が習志野市の付属機関とみなされるので、合算(いわゆる名寄せ)の対象となります。
> ❹収納代理金融機関から指定金融機関までの収納金の移転途上にある公金については、仕掛かり中の決済資金として全額保護されます。

▶▶ 第3 管理目標

公金の管理にあたっては、次に掲げる内容を目標とし、この順で優先することを原則とします。

①安全で確実な管理(安全性の確保)
②支払準備に支障をきたさない(流動性の確保)
③有利な運用を考慮(効率性の追求)

> **ポイント**
>
> ❶地方自治法第235条の4第1項に定める公金管理の優先度を順位化したものです。
> ❷公金は市民から預かった貴重な財産であり絶対に毀損させてはならないものですので、安全性を最優先とします。
> ❸次に、支払準備に支障をきたすと支払業務に重大な影響を及ぼすため、流動性の確保を優先とします。
> ❹上記❷と❸をクリアしてなお公金に余裕がある場合は効率性を追求します。

■地方自治法第235条の4（抜粋）
（現金及び有価証券の保管）
第235条の4　普通地方公共団体の歳入歳出に属する現金（以下「歳計現金」という。）は、政令の定めるところにより、最も確実かつ有利な方法によりこれを保管しなければならない。
2・3〔略〕

第4　管理に従事する者の義務

①公金の管理に従事する者は、公金の保管および運用に際し、善良なる管理者としての注意義務を怠ってはいけません。
②公金の管理に従事する者は、公金の保管および運用に際し市民の利益のためだけに行動しなければいけません。

ポイント

❶職員の公金の運用に関する説明責任を向上させるため、運用に関する判断の合理的、客観的基準を明らかにし、職員はこの定めに従い行動することを明文化したものです。
❷公金に関する責任を定めたものは以下に存在します。
　　職員の賠償責任　　地方自治法第243条の2
　　住民監査請求　　　地方自治法第242条
　　住民訴訟　　　　　地方自治法第242条の2

第5　公金を管理しようとするとき

①分散

安全性の確保を最重要視した上で、流動性を確保しつつ、効率性を追求する観点から、公金全体の金融商品の構成が最適なものとなるよう、分散に努めます。

②調達手法

　金融商品の調達にあたっては、競争性に優れた引合方式および機動性に優れた相対方式のうち、資金状況や金利動向等に留意し、効率性の高い手法を用います。

③資金計画の作成
(1) 運用期間、運用額、金融商品などを決定するにあたっては、保管および運用にかかる各年度の始めに、月別および四半期を内容とする公金にかかる当該年度の公金の収入および支出の計画（以下、「資金計画」という）を作成するものとします。
(2) 当該資金計画を基に、保管および運用計画を策定するものとします。

ポイント

❶第3の管理目標に続き公金管理の優先度を定め、リスク管理の観点から金融商品の分散を行うものとします。また分散によって金融機関の競争原理による有利な運用も予見されます。

❷効率性の追求にあたっては、市民への説明責任の面から、最も条件のよい方法を選択しなければなりません。

❸公金管理において、資金計画は基本的な役割を果たしていることを述べたものです。公金は時期によって増減が生じることから、適正な管理運用を行うにあたり、翌年度の資金計画を策定し、それに基づいた管理運用を行います。

❹もともと資金計画（予算執行計画）については習志野市財務規則第15条に定められており、財政担当部長が決定することになっています。

▶▶ 第6　預け入れ先金融機関を選択しようとするとき

①預け入れ先金融機関は、次に掲げる金融機関から選択します。
・指定金融機関
・収納代理金融機関
・ゆうちょ銀行

・県内に店舗を有する証券会社

②上記のうち証券会社以外の金融機関に預金するときは、次に掲げる水準を上回る金融機関を選択するものとします。
■自己資本比率　　8％以上

> **ポイント**
> ❶ 金融機関の選定にあたっては、公金の取扱いにおいて市民および市内企業の利便性に貢献している指定金融機関・収納代理金融機関・ゆうちょ銀行・県内に店舗を有する証券会社から選択することとします。
> ❷ 証券会社を明示したのは債券取引を想定してのことです。
> ❸ 金融機関の選定の際は、金融機関の健全性が最も重要な基準となります。健全性を計る指標のうち、自己資本比率を基準とすることとしました。自己資本比率は銀行法等により規制基準値が定められ、規制基準値を下回れば早期是正措置が発動されることとなります。過去にこの指標は銀行破綻の発生と明確な相関関係を有していることから、自己資本比率を最低限の選定基準としました。
> ❹ 郵政民営化により平成19年10月から、郵便貯金の取扱いは民営化され、ゆうちょ銀行になり、政府による支払保証はなくなりました。ただし、預金保険制度により元本1,000万円までとその利子は保護されています。
> ❺ 証券会社を定めたのは、債券という商品を取引する仲介役としての位置付けです。債券リスクはその債券の発行体の経営状況に依存されるので、証券会社の経営状況に左右されるものではありませんが、引合方式で購入するにあたり、取引先の条件を下記のように取り決めることにします。
>
> ・本市との取引を希望していること。
> ・自己資本規制比率について、140％以上であること。
> ・「企業内容等の開示に関する内閣府令」（昭和48年大蔵省令第5号）第1条第13号の2に規定する別紙の指定格付を1つ以上有し、その格付のいずれも第4ランク以上の「投資適格」であること。（2機関以上の格付により確認）

▶▶ 第7　選択の原則

①金融商品の選択にあたっては、元本が保証される金融商品を購入することを原則とします。

②金融商品は、満期または期限まで持切ることを原則とします。ただし、次に掲げる場合に限り、運用中の預金の解約または債券等の売却を行うことができることとします。

・公金の安全性を確保するため必要な場合
・流動性を確保するためにやむをえない場合

> **ポイント**
> ❶金融商品は公金の性格を鑑み、万が一でも毀損させないため元本保証商品を大原則とします。
> ❷預金の解約または債券等の売却を行う場合は、元本を毀損させないことを前提とします。

▶▶ 第8　各公金の対策

第8-1　一般会計・特別会計の歳計現金および歳入歳出外現金の対策

◎保管

　歳計現金および歳入歳出外現金の保管は、安全性を最優先し原則として決済用預金としなければいけません。

　ただし、支払準備に支障をきたさない範囲で以下のとおり保管することができます。

■対象とする金融商品
　・当座預金
　・普通預金
　・定期預金

・譲渡性預金
・通知預金
・貯金
・国庫短期証券（T－Ｂｉｌｌ：Treasury Discount Bills）
・国債
・政府保証債
・地方債
・地方公共団体金融機構債

■保管期間の上限

保管期間は、1年以内とします。

■預金先金融機関

対象とする金融商品の保管先は指定金融機関を優先とします。

> **ポイント**
>
> ❶一般会計・特別会計の歳計現金および歳入歳出外現金とは、基金、地方公営企業の現金預金および制度融資預託金を除くすべての公金を示します。
>
> ❷歳計現金等については、安全性および流動性を確保することが必要なため、元本が全額保護となり、無利息・要求払い・決済サービスを提供できること、という3条件を満たす決済用預金とすることを原則としました。
>
> ❸会計管理者名義の口座だけではなく、各課長名等で公金管理のために金融機関口座を開設している場合も決済用預金とします。
>
> ❹歳計現金の保管にあたっての金融商品を明確化しました。これ以外での保管は行わないこととします。もし他の商品での保管を考える場合は、改めて協議し、方針を改正する必要があります。
>
> ❺通知預金は、1か月未満の短期間で効率的に保管することを想定したものです。
>
> ❻国庫短期証券（T－Ｂｉｌｌ）および国債での保管に関しては、運用の観点から有利な条件を提示した証券会社としています。

❼保管期間は、平成26年4月の「今後の新地方公会計の推進に関する研究会報告書」において、現金預金の定義の一つとして、「資金管理方針等で定めた預金も現金預金とする」と明記されたことにより、歳計現金の運用実績を考慮し、1年間を上限としています。
❽習志野市財務規則第157条第1項の趣旨を踏まえ、金融商品の保管先は指定金融機関を優先とします。

第8－2　基金の対策
◎保管、運用および繰替運用

　基金は、歳計現金および歳入歳出外現金の動向を踏まえ、保管、運用および繰替運用します。

■保管、運用の対象とする金融商品
　・決済用預金
　・一般会計・特別会計の歳計現金および歳入歳出外現金の保管の対象とする金融商品
　・株式（現に有している株式に限る）
　・習志野市公共施設等再生整備基金の資金貸付要綱に基づく貸付

■運用期間の上限
　基金現金を運用する場合は、各基金の設置目的および積立て並びに取崩しの計画等を勘案して1年を超えて行うことができます。
　ただし、預金については2年を上限とし、その他は10年を上限とします。

■預金先金融機関および預金額
　金融商品のうち、預金については、本市の地方債を引き受けている金融機関を優先とします。預金額については、3月末および9月末における地方債未償還残高を勘案した額とします。

> **ポイント**
> ❶ 基金の保管、運用にあたっては、歳計現金が不足するときに繰替運用を行う場合を考慮して行うものとします。
> ❷ 基金の運用は長期的な運用が可能なものもあることから、期間1年を超える運用を可能としました。
> ❸ 運用期間は、超長期的運用を避け、一応10年をリミットとしました。
> ❹ 株式は、市債管理基金で現に保有している株式を想定したものです。新規に取得はできないこととしました。
> ❺ 習志野市公共施設等再生整備基金の資金貸付要綱に基づき、公共施設等再生整備基金について、貸付けによる運用もできることから規定を設けました。
> ❻ 証書借入方式で借り入れている地方債との相殺は公金の保護策としては非常に有効な方策です。そのため証書借入方式で借り入れている地方債との相殺が可能な金融機関を優先的に選択するものとします。
> ❼ 地方債残高の動向には常に留意し、地方債を管理する財政課と会計課は常に連絡をとることとしました。残高に増減が生じる見込みが明らかになったときは、財政課長は会計課長に報告することとしました。
> ❽ 実際に相殺が生じたときは地方債の繰上償還となり、予算の補正が必要となることに留意する必要があります。
> ❾ その他は一般会計・特別会計の歳計現金および歳入歳出外現金に準じています。

第8−3　地方公営企業の現金預金
◎保管、運用
　現金預金は、以下のとおり保管、運用します。

■対象とする金融商品
・決済用預金
・一般会計、特別会計の歳計現金および歳入歳出外現金の保管の対象とする金融商品
・習志野市公営企業会計の資金貸付要綱に基づく貸付

■運用期間の上限

　預金〔上記のうち保管対象の金融商品〕にかかる運用期間は、原則1年以内とし、10年を上限とする。

　この場合において1年を超えて運用しようとするときは、企業管理者は市長に協議しなければいけません。

> **ポイント**
>
> ❶習志野市財務規則第157条の趣旨を踏まえ、地方公営企業の現金預金について、一般会計・特別会計の歳計現金および歳入歳出外現金と区別して規程を設けました。
> ❷資金貸付は、企業局が習志野市開発公社に貸し付ける場合を想定したものです。
> ❸預金にかかる運用期間を1年以内とし、企業会計の性質を鑑み、10年を限度とする運用を可能としました。説明責任の観点から、この場合において企業管理者は市長に協議しなければいけないとしました。
> ❹その他は一般会計・特別会計の歳計現金および歳入歳出外現金に準じています。

第8-4　制度融資預託金

　制度融資に係る預託金は、その性質を鑑み、安全性を最優先し原則として決済用預金とします。

> **ポイント**
>
> 制度融資に係る預託は様々な金融機関に対し行っていますが、事業の遂行性を勘案し、安全性を最優先とするため原則として決済用預金とします。

▶▶ 第9　金融機関の経営状況を監視するにあたって

①早期察知のための監視指標
・預金先金融機関の経営悪化の兆候を早期に察知するため、株価等を日常的に監視するものとします。
・この動向により、必要な場合は、預金先金融機関からヒアリングを行い預金量の推移等の情報開示を求め、状況によっては預金をしないものとします。

②決算期における監視
・預金先金融機関の経営状況について、決算期（中間決算含む。）ごとに次に掲げるものにより分析するものとします。
　・預金量の推移
　・資産業務純益率
　・自己資本利益率
　・経費率
　・預貸金利鞘
　・金融機関間の比較
　・時系列比較
・この動向により、必要な場合は、預金先金融機関からヒアリングを行い、経営状況によっては預金をしないものします。

> **ポイント**
> ❶金融機関の破綻により公金が毀損する事態を回避するため、公金の保管運用を行う金融機関の経営状況を常に把握することを定めたものです。
> ❷合算した預金額が1,000万円以下の場合は、元本が全額保護されるためこの対象とはなりません。しかし監視することを妨げないものとします。
> ❸日常業務における作業は、新聞報道により株価等を常に監視すること

です。
❹節目における作業としては、年2回の決算期および中間期の際、金融機関のディスクロージャー誌等により、前記第9の②で掲げた指標を分析します。
❺監視により異常を発見した場合にはヒアリングを行い、それにより異常が確信できたときは、新規預金の停止、既預金の移動を行います。

▶▶ 第10　報告体制

　本市〔習志野市〕は、公金管理の適正を期すため、会計管理者および会計課長並びに政策経営部長、政策経営部次長および財政課長ならびに企業局業務部長および経理課長で構成する会議（以下、「公金管理会議」という。）を設置します。

　会計課長、財政課長および経理課長は、この方針に基づく公金管理の実績を公金管理会議に報告しなければなりません。

　会計課長、財政課長および経理課長は、公金に損害が発生した場合には、ただちに公金管理会議を開催しなければなりません。紛失等により公金に損害が発生した場合に開催される公金管理会議には、危機管理に関する専門的な知識を有する者として、危機管理監をオブザーバーとして置くことができます。

　公金管理会議の庶務は、会計課において処理します。

ポイント

❶公金管理にあたっては数人の担当者に公金管理を依存してはいけません。公金管理の適正さを期すため、管理運用についてチェックをする必要があります。その体制として公金管理会議を設置しました。
❷危機管理監をオブザーバーとして設置することにより、公金の事件・事故について、参考意見を求めることができるようにしました。

第5章

契約の進め方

1 ◆契約概説

▶▶ 契約とは

　「契約」とは、一定の法律効果の発生を目的とする、2人以上の相対立する当事者の意思の合致によって成立する法律行為をいいます。簡単にいえば、物を買いたい人と物を売りたい人がいた場合に、ではいくらで買うのか売るのかを決めることです。

　会計担当者は、予算の範囲の中で契約に基づいてお金の支払決定をすることからも「契約」についての基本的な内容を理解することが重要です。
　契約には、広義の契約と狭義の契約があります。
　広義の契約は法律効果を発生させる合意の総称であり、例えば親族法における婚姻、債権法における抵当権の設定などの物権設定などを含んでいます。
　一方、狭義の契約は債権関係の発生を目的とする合意であり、例えば工事請負、物品購入、業務委託などがあげられます。

▶▶ 契約自由の原則

　「契約」は、当事者が対等の地位において締結するものです。自治体も例外ではありません。すなわち、例えば習志野市が一私人の立場で締

結するものと同様です（行政処分等の公権力の行使ではないことを理解していただきたい）。
　⇒契約の内容や効力を規律する法律も、民法その他の私法となります。

契約自由の原則として、次のものがあります。
①締結の自由…契約を締結「する」または「しない」ことを自由に決定することができる。（相手方選択の自由）
②内容の自由…契約の内容を自由に決定することができる。
③方式の自由…契約の方式を自由に決定することができる。
　※それぞれ様々な法律で例外が規定されています。

▶▶ 自治体が締結する契約

　自治体とは、住民が自らその地方の政治を行うための機関であり、締結する契約の財源は、住民の税金によって成り立っています。このことから、必ず公益を目的としなければならないとされています。すなわち、契約担当者あるいは特定の個人の利益を図るものであってはならないし、契約担当者の主観で勝手に締結できるものであってはなりません。
　このような公益を保護するため、一定の規制や手続きが要求されています。その内容は地方自治法、地方自治法施行令、条例、財務規則などに規定されています。すべての法令等に共通する立法趣旨は、「公平性・競争性・透明性」の原則を確保することになります。しかし、これらに違反した契約を締結した場合でも、契約自体は有効となります。ただし、契約を行ったことに対しては様々なペナルティが課される場合があります。
　・訓令違反→懲戒処分
　・市に損害→職員個人に損害賠償請求
　・収賄罪、公契約関係競売等妨害罪、官製談合防止法違反

▶▶ 自治体の契約締結の相手方

①自然人

制限行為能力者（未成年者、成年被後見人、被保佐人等）でないものを契約の相手方とします。

②法人

法人の代表機関（代表取締役）または代表取締役から契約の権限について委任を受けた者を契約の相手方とします。

▶▶ 自治体の契約方法

自治体の契約方法は、地方自治法に以下のとおり定められています。

■地方自治法第234条（抜粋）
第234条　売買、賃借、請負その他の契約は、一般競争入札、指名競争入札、随意契約又はせり売りの方法により締結するものとする。
2～6　〔略〕

自治体の規模などにより契約の内容は異なりますが、習志野市の事例を紹介したいと思います。習志野市では契約課に契約業務依頼するものは一般競争入札、指名競争入札、随意契約となり、担当課で契約事務を行うものは一定の随意契約の場合としています。

■一般競争入札

公告によって不特定多数の者を誘引して入札によって申込みをさせる方法により競争を行わせ、自治体に最も有利な条件（価格）をもって申込みをした者を選定して契約を締結する方法。

> **メリット**
> 機会均等の確保、業者選定の透明性、経済性（競争性）の確保
>
> **デメリット**
> 不良不適格業者の参入、事務量の増大

■指名競争入札

自治体が技術力、信用その他の要件が適当であると認める複数の相手方を選択し指名して、その者をして入札の方法により競争を行わせ、自治体に最も有利な条件（価格）をもって申込みをした者を選定して契約を締結する方法。

> **メリット**
> 不信用不誠実な業者の排除
> 入札手続の効率化
>
> **デメリット**
> 業者指名の不透明感の発生、指名業者の固定化

■随意契約

自治体が競争入札の方法によらないで任意に特定の相手方を選択し契約する方法。随意契約は、競争入札を原則とする自治体の契約方法の例外で、地方自治法施行令第167条の2で認められた場合のみ実施できる契約方法。

> **メリット**
> 特定の信用・能力等のある業者を選定可、事務の軽減・効率化
>
> **デメリット**
> 業者選定の不透明感の発生、経済性（競争性）確保の困難化

随意契約ガイドライン

▶▶ 随意契約の基本的な考え方

　契約の原則は、競争入札によるものとされています。随意契約は地方自治法施行令第167条の2第1項各号のいずれかに該当する場合にのみ、例外的に認められた契約事務であることから、その取扱いには慣例によるものではなく、その都度適正かつ厳正な契約事務が求められています。

　会計担当者は最終的な審査の砦であることからも、随意契約の基本的な考え方を理解する必要があります。ここでは、習志野市のガイドラインを参考に紹介をしていきます。会計の審査でも、このガイドラインに沿った内容であるかの確認作業を行う必要があります。

▶▶ 随意契約の範囲

■地方自治法施行令第167条の2（要約）
　（随意契約）
　第167条の2　地方自治法第234条第2項の規定により随意契約によることができる場合は、次に掲げる場合とする。
　(1)　予定価格が規則で定める額を超えないとき
　(2)　性質又は目的が競争入札に適さないとき
　(3)　障害者支援施設、シルバー人材センター等との契約
　(4)　契約の相手方が新たな事業分野の開拓を図る者であるとき
　(5)　緊急の必要で競争入札ができないとき
　(6)　競争入札に付することが不利と認められるとき
　(7)　著しく有利な価格で契約ができる見込みがあるとき

(8) 入札者又は落札者がないとき
(9) 落札者が契約を締結しないとき

▶▶ 随意契約ができる場合

1．予定価格が規則で定める額を超えないとき

■地方自治法施行令第167条の2（抜粋）
第167条の2 〔略〕
(1) 売買、賃借、請負その他の契約でその予定価格（賃借の契約にあつては、予定賃借料の年額又は総額）が別表第5上欄に掲げる契約の種類に応じ同表下欄に定める額の範囲内において普通地方公共団体の規則で定める額を超えないものをするとき。

習志野市財務規則においては、次のように定めています。

図表5-1　契約の種類と予定価格（例）

	契約の種類	予定価格
1	工事又は製造の請負	130万円
2	財産の買入れ	80万円
3	物件の借入れ	40万円
4	財産の売払い	30万円
5	物件の貸付け	30万円
6	前各号に掲げるもの以外のもの	50万円

よって、この価格を超えない場合は、地方自治法施行令第167条の2第1項第1号の規定に基づく随意契約を行うことができます。

業者の選定に関することおよび随意契約に付すときに徴する見積書の数は、習志野市では指名業者選定基準および財務規則第137条において定めています。

■習志野市指名業者選定基準（要約）

　指名業者の数は、予定価格に応じ、それぞれ図表5－2に定めるところによるところによるものとする。

　指名業者の選定にあたっては、市内に本社を有する者（市内業者）については特に考慮するものする。なお、市内に支店又は営業所を有するものについては市内業者に準じる扱いを行うものとする。

■習志野市財務規則第137条
（随意契約の見積書の徴取等）
第137条　予算執行者等は、随意契約に付するときは、2人以上の者から見積書を徴さなければならない。ただし、次の各号の一に該当する場合は、1人の者から見積書を徴するものとする。
(1)　契約の目的又は性質により契約の相手方が特定されるとき。
(2)　市場価格が一定している物品を購入するとき。
(3)　1件の予定価格が130万円以下の工事又は製造の請負をさせるとき。
(4)　1件の予定価格が50万円以下の修繕又は設計、測量、地質調査及び補償の業務委託又は役務の提供をさせるとき。
(5)　1件の予定価格が10万円以下の物品の購入又は印刷製本をさせるとき。
2　予算執行者等は、前項の規定にかかわらず、次の各号の一に該当する場合は、見積書を徴さないことができる。
(1)　郵便はがき、郵便切手、収入印紙等専売価格の定めがあるものの購入
(2)　官報、新聞、法規追録等の定期刊行物及び図書の購入
(3)　食糧品の購入
(4)　1件の予定価格が5万円以下の契約
(5)　その他契約の内容又は性質上見積書を徴することが適当でないと認められるとき。

　当該規則を表にすると次の図表5－2のとおりであり、担当課においてはこの表を参考に、見積書を徴する者数について確認します。

図表5-2　見積もりを徴する者数（例）

契約の種類	予定価格	見積書
工事または製造の請負	130万円以下 5万円以下	1者 不要
修繕	50万円以下〜5万円超 5万円以下	1者 不要
設計・測量等	50万円以下 5万円以下	1者 不要
物品 （図書・食糧品を除く）	80万円 80万円未満〜50万円以上 50万円未満〜10万円超 10万円以下〜5万円超 5万円以下	4者以上 3者以上 2者以上 1者 不要
図書・食糧品	全額	不要
印刷製本	30万円以下〜10万円超 10万円以下〜5万円超 5万円以下	2者以上 1者 不要
役務の提供	50万円以下〜5万円超 5万円以下	1者 不要
その他の契約	40万円以下（賃貸借） 50万円以下（業務委託） 5万円以下	2者以上 2者以上 不要

2．契約の性質または目的が競争に適さないとき

■地方自治法施行令第167条の2（抜粋）
第167条の2　〔略〕
(2) 不動産の買入れ又は借入れ、普通地方公共団体が必要とする物品の製造、修理、加工又は納入に使用させるため必要な物品の売払いその他の契約でその性質又は目的が競争入札に適しないものをするとき。

不動産の買入れまたは借入れのための契約については、自治体が特定の土地や家屋の買入れまたは借入れが必要となったときに締結するものであるから、一般的に多数人との競争による契約締結は考えられません。よって、その性質が競争入札に適さないと判断できることから、随意契約ができるものと考えられます。

　また、特定のものでなければ調達できない物品（著作権や特許権に関するもの等）の購入や、特殊な技術がなければ履行できない役務の提供・製造の請負等については、厳正に審査した上で随意契約することができます。ただし、単に「実績がある」「精通している」という理由では、随意契約とすることはできません。

工事の例

①特殊な技術や機器、設備等を必要とする工事で、特定の者と契約しなければ契約の目的を達することができない場合
・特許工法等の新開発工法を用いる必要がある工事
・文化財その他極めて特殊な建築物等であるため、施工者が特定される補修や増築等の工事
・実験・研究等の目的に供する極めて特殊な設備等であるため、施工可能な者が特定される設備・機器等の新設、増設等の工事
・ガス事業法等法令等の規定に基づき施工者が特定される工事

②施工上の経験や知識を特に必要とする場合、または現場の状況等に特に精通した者に施工させる場合がある場合
・当該施工に先立ち行われる試験的な施工の結果、当該試験施工者に施工させなければならない工事
・既設の設備等と密接不可分の関係にあり、同一施工者以外の者に施工させた場合、既設の設備等の使用に著しい支障が生ずるおそれがある設備・機器等の増設、改修等の工事
・埋蔵文化財の調査・発掘・移転等で、特殊な技術、手法等を用いる必要がある工事

③価格の安さだけで選定したのでは、期待した結果が得られない特殊性により、企画・提案能力のある者を選ぶプロポーザル方式等の競争を行った上で、契約の相手方をあらかじめ選定をしている工事の場合

物品および一般業務委託の例

①業務の特殊性により、特定の者と契約を締結しなければ所期の契約目的を達成することができない場合
- 機器・システム等（ソフトのシステム開発含む）の設置業者・開発業者またはこれらに準じる者で、その業者と契約しなければ既存の設備等の使用に支障が生ずるおそれがある場合または安全責任がはたせない場合
- 極めて特殊または限定的な業務等であり、特定の設備等の有無および地域性を考慮すると履行可能な者が限られる場合
- 法律、法令等の規定に基づき履行可能な業者が特定される場合
- 他の公共団体と共同で運営処理をするために業者が特定される場合
- 自治体の特定の公益目的達成に必要な場合
  ⇒契約相手方が公的機関あるいは準ずる機関となる場合
  ⇒政策的委託であり、相手方が市民団体等となる場合
  ⇒法や条例等で契約相手方が決められている場合
- 継続的な業務のため、業者を特定しないと事業そのものの継続が危ぶまれる場合
- 埋蔵文化財の調査・発掘・移転等で、特殊な技術、手法等を用いる必要がある工事

②価格の安さだけで選定したのでは、期待した結果が得られない特殊性により、企画・提案能力のある者を選ぶプロポーザル方式等の競争を行った上で、契約の相手方をあらかじめ選定している業務の場合

習志野市の過去の適用事例

①工事の事例
⇒習志野市ガス供給条例において「供給施設に関する工事は本市が施行する」と規定されていることから、性質または目的が競争入札に適さないため、市施設のガス配管取替工事を企業局との随意契約により行う。

②一般業務委託の事例
⇒機器やシステムの保守・メンテナンスで、当該システムを開発した業

者にしか適切な業務を行えないことから、性質または目的が競争入札に適さないため、保守・メンテナンス業務をシステム開発者との随意契約により行う。
⇒学校体育館改築設計で、学校全体の改築基本計画を検討する必要がある技術的な工夫の余地が大きい業務であり、提出された企画提案に基づいて仕様を作成する方が優れた成果を期待できることから、当該業務をプロポーザル方式で選定した業者との随意契約により行う。

③物品の事例
⇒必要としている物品は、当該業者のみが製造・販売を行っていることから、契約の性質または目的が競争入札に適さないため、物品の購入を当該業者との随意契約により行う。

3．福祉関係施設において製作された物品を買い入れる契約または役務の提供を受ける契約をするとき

■**地方自治法施行令第167条の2**（要約）
第167条の2　〔略〕
　(3)　障害者支援施設、地域活動支援センター、障害福祉サービス事業を行う施設、小規模作業所において製作された物品を普通地方公共団体の規則で定める手続により買い入れる契約、障害者支援施設、地域活動支援センター、障害福祉サービス事業を行う施設、小規模作業所、シルバー人材センターから普通地方公共団体の規則で定める手続により役務の提供を受ける契約又は母子・父子福祉団体等が行う事業でその事業に使用される者が主として配偶者のない者で現に児童を扶養しているもの及び寡婦であるものに係る役務の提供を当該母子・父子福祉団体等から普通地方公共団体の規則で定める手続により受ける契約をするとき。

　これは、福祉施設等からの物品等の調達を施策的に後押しするためのものです。この契約にあたっては、習志野市財務規則第136条第2項の

規定による手続きは次の図表5-3のとおりです。

図表5-3　障害者支援施設等との契約にあたっての公表時期と内容

公表の時期	公表の内容
①契約の発注見通しがたったとき	当該契約の名称、所管課名、契約予定月
②契約を締結する前	①の事項のほか、当該契約の内容、契約予定日、期間、相手方の選定基準、決定方法
③契約を締結した後	①②の事項のほか、当該契約の締結日、金額、相手方の名称、相手方とした理由

4．新商品を買い入れる契約をするとき

■地方自治法施行令第167条の2（抜粋）

第167条の2　〔略〕
(4) 新商品の生産により新たな事業分野の開拓を図る者として総務省令で定めるところにより普通地方公共団体の長の認定を受けた者が新商品として生産する物品を〔中略〕普通地方公共団体の規則で定める手続により、契約をするとき。

習志野市では市長の認定を受けた者が現在いないため、第4号の適用による随意契約はできません。

5．緊急の必要により競争入札ができないとき

■地方自治法施行令第167条の2（抜粋）

第167条の2　〔略〕
(5) 緊急の必要により競争入札に付することができないとき。

天災等の不測の事態による危機的状況から、市民や市政を守るために必要な契約をする際は、随意契約をすることができます。

⇒「緊急の必要」について
　「緊急の必要により競争入札に付することができないとき」とは、一般競争入札または指名競争入札の方法による手続をとるときは、その時期を失し、あるいは全く契約の目的を達することができなくなり、行政上も経済上も甚だしく不利益を被るに至る場合などをいうと解すべきである、とされています。（平成16年3月24日前橋地方裁判所判決）

⇒「緊急の必要」があるとしてはならない場合
　「緊急の必要により競争に付することができないとき」については、単に事務の遅延により、競争に付する期間が確保できなくなったことのみをもって「緊急の必要」があるとしてはなりません。

　工事の例

　災害に伴い緊急に施工しなければならない工事であって、競争に付する時間的な余裕がない場合。
　①道路陥没等の応急工事
　②電気、機械設備等の故障に伴うインフラ確保のための緊急工事

　習志野市の過去の適用事例

　平成23年3月11日に発生した、東日本大震災に係る復旧工事等

6．競争入札に付することが不利と認められるとき

■地方自治法施行令第167条の2（抜粋）
第167条の2 〔略〕
　(6) 競争入札に付することが不利と認められるとき。

　やむを得ない事情により打ち切った工事を再度起工するときで、打ち切り前に施工していた業者以外の者が引き継ぐと市にとって不利となる場合や、施工中に、当初は予想していなかった工事が必要となった場合等に随意契約をすることができます。ただし、本来は競争入札に付すべき案件なので、その判断は厳正に行う必要があります。

⇒不利となる場合について
　不利となる場合の解釈は、主に価格面での有利・不利であるが、品質や安全面についても十分考慮する必要があります。

工事の例
①現に契約履行中の施工業者に履行させた場合は、工期の短縮、経費の節減が確保できる等有利と認められる場合。
　・当初予期し得なかった事情の変化等により必要となった追加工事
　・本体工事と密接に関連する附帯的な工事
②前工事に引き続き施工させる工事で、前工事の施工者に施工させた場合は、工期の短縮、経費の節減、安全・円滑かつ適切な施工が確保できる等有利と認められる場合。
　・前工事と後工事とが、一体の構造物（一体の構造物として、完成してはじめて機能を発揮するものに限る）の構築物を目的として、かつ、前工事と後工事の施工者が異なる場合は、かし担保責任の範囲が不明確となる等密接不可分な関係にあるため、一貫した施工が技術的に必要とされる当該後工事。
　・前工事と後工事が密接な関係にあり、かつ、前工事で施工した仮設

備が引き続き使用させる後工事（ただし、本体工事の施工に直接関連する仮設備であって、当該後工事の安全・円滑かつ適切な施工に重大な影響を及ぼすと認められるもので、工期の短縮、経費の節減が確保できるものに限る）。
③他の発注者の発注に係る現に施工中の工事と交錯する箇所での工事で、当該施工中の者に施工させた場合には、工期の短縮、経費の節減に加え、工事の安全・円滑かつ適切な施工を確保する上で有利と認められる場合。
・鉄道工事等と立体交差する道路工事等の当該交錯箇所での工事。
・他の発注者の発注にかかる工事と一部重複、錯綜する工事。

7．時価に比して著しく有利な価格で契約を締結することができる見込みのあるとき

■地方自治法施行令第167条の2（抜粋）
第167条の2　〔略〕
(7) 時価に比して著しく有利な価格で契約を締結することができる見込みのあるとき。

　業者が、その工事で使用する物品を多量に所有するため、他の者に比べてはるかに安い価格で契約ができる見込みのある場合等は、随意契約をすることができます。ただし原則として、「他社より安価である」ことは入札により実証すべきだと思われるので、実際の適用はあまり想定されません。

工事の例

①特定の施工者が、施工に必要な資機材等を当該工事現場付近に多量に所有するため、当該者と随意契約する場合には、競争に付した場合より著しく有利な価格で契約することができると認められる場合。

②特定の施工者が開発し、または導入した資機材、作業設備、新工法等を利用することとした場合には、競争に付した場合より著しく有利な価格で契約することができると認められる場合。

8．競争入札に付し入札者、落札者がないとき

■地方自治法施行令第167条の2（抜粋）
第167条の2　〔略〕
(8)　競争入札に付し入札者がないとき、又は再度の入札に付し落札者がないとき。

　競争入札または見積書の徴取を行った際に、予定価格の範囲内で価格を提示したものがおらず落札者がないときに、最低価格提示者と協議の上で随意契約をすることができます。ただし、最初に定めた予定価格や、仕様内容を変更することはできない等の制限があります。なお、入札者がないとき（全員辞退のとき）は、習志野市では不調として取り扱っています。

9．落札者が契約を締結をしないとき

■地方自治法施行令第167条の2（抜粋）
第167条の2　〔略〕
(9)　落札者が契約を締結しないとき。

　習志野市財務規則では、落札者として決定した者は、落札者決定の通知を受けた日から5日以内に契約（または仮契約）を締結するものとしています。落札者がこの規定に従わない場合または決定後に辞退の申し出をした場合には、次に低い価格を提示した者と随意契約をすることが

できます。ただし、契約金額は最初の落札金額の範囲内となることや、最初に定めた仕様内容は、履行期限を除いて変更することはできない制限があります。

3 ◆契約事務のポイント

▶▶ 担当課契約案件

　契約事務のポイントを理解することは会計担当者にとっても重要なことです。そのあたりの実務のポイントを、習志野市の事例をもとに説明をしていきたいと思います。

　契約の決裁といっても、自治体の規模により異なり、その契約の種類や契約金額によっても決裁区分が異なっています。その契約の種類が適正な決裁を受けているのかは伝票の審査項目となっています。

図表5-4　担当課決裁区分（例）

契約の種類	課長（担当課契約）※
工事又は製造の請負契約	130万円以下
修繕に関する契約	50万円以下
設計・測量・地質調査及び補償に関する業務委託契約	50万円以下
物品（図書及び食糧費を除く。）の購入契約	30万円以下
図書等及び食糧品の購入契約	全額
印刷製本に関する契約	30万円以下
役務の提供に関する契約	50万円以下
賃貸借に関する契約	40万円以下
その他の契約	50万円以下

※筆者注：表中の金額は予定価格1件についてのもの

▶▶ 担当課契約事務の流れ

手続きの概要は次のとおりです。

図表5－5　契約事務の流れ

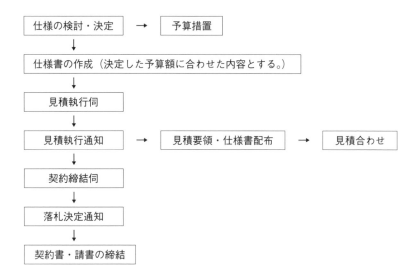

▶▶ 担当課手続き──①契約準備

■仕様（設計）の検討・決定

当該契約で受注者に求めることを整理します。受注者が履行すべき内容を仕様書に記載しますが、記載していないことを後から受注者に求めることはできません。

■予算措置

契約の大前提として、事前に予算が確保されている必要があります。予算がなければ業者へ見積書の提出を求めることもできません。

■仕様書作成のポイント

仕様書は、受注者が履行すべき内容をすべて記載した書類です。

> **仕様書の内容のポイント**
>
> ①件名＝件名と業務内容に相違がないこと。
> ②場所＝住所・地番で表記できない場合→習志野市全域、○○課等の表記も可。
> ③契約期間＝契約期間と履行期間の設定に注意します。
> ④支払条件＝原則は完了払ですが、例外として前払・概算払があります。
> ⑤業務目的・内容＝履行すべき内容または方法を全て表示します。
> ⑥実施時期・回数＝履行すべき内容または方法を全て表示します。
> ⑦実施方法＝履行すべき内容または方法を全て表示します。
> 　注）上記⑤～⑦は特記仕様書等を作成して業務の詳細を示すことが望ましいです。内容が不正確だと契約後にトラブルが発生するので注意が必要です。→「書いていないが、含まれるのは当たり前」は通用しません。
> ⑧提出書類＝業務完了届や許可証等、業務に必要なもの（提出期限も明記）
> ⑨関係法令＝業務履行にあたり法令等の許可が必要か、何の法令を遵守しなければならないのかをあらかじめ確認します。

▶▶ 担当課手続き──②見積執行

■見積執行の大まかな手順

| 書類の作成 | 見積執行伺（見積書を徴してよいかの伺い）等、必要な書類を作成します。 |

↓

| 予定価格の設定 | 契約金額決定の基準を設定します。 |

↓

| 添付書類の確認 | 見積要領・仕様書が添付されているか確認します。 |

↓

| 業者選定 |

> **業者選定の注意点**
> ・原則として習志野市入札参加資格者名簿に登載されている者の中から選定します。
> ・適切な業者を選定します（指名停止の有無、免許、資格要件は特に注意が必要）。
> ・市内業者を優先して選定します（習志野市では市内業者の保護育成を施策的に実施）。
> ・偏りのない選定をします。

■見積執行の事務作業スケジュール

図表5−6　スケジュール（例）

日	曜日	作業内容
10	月	見積執行伺を起案
11	火	決裁（指名通知→仕様書を配布）
12	水	見積期間①
13	木	見積期間②（業者からの質問受付期限）
14	金	見積期間③
15	土	（閉庁日）
16	日	（閉庁日）
17	月	見積期間④（業者からの質問回答期限）
18	火	見積期間⑤
19	水	見積書提出期限／契約締結伺起案
翌日以降		決裁（契約日／契約期間開始）

※業者へ仕様書を渡した日と見積日の間は5日程度とします。（土日祝日を除く）
※見積期間は案件により適宜変更します。

■予定価格の設定
予定価格の意義

　予定価格とは、自治体が契約を締結する際の契約金額決定の基準とするために、契約担当者があらかじめ作成するものです。業者の見積額が予定価格の範囲外の場合には契約を締結することができません。

予定価格の基準

　予定価格は、契約の目的となる案件の実例価格、需要の状況、履行の難易度、数量の多少、履行期間の長短その他の諸般の事情を考慮して、適正に決定されなければなりません。
（予定価格≦予算金額〔設定金額〕）
（例）予算編成時10万円〔予算金額〕→予算編成時の後、材料が値下がり→再設定時9万円〔予定価格〕

予定価格の設定方法

　法令に規定がなく、画一的な基準を設けることが難しいです。

■習志野市財務規則第123条、125条（抜粋、筆者下線）
（予定価格の決定）
第123条　予算執行者等は、一般競争入札に付するときは、あらかじめ、当該一般競争入札に付する事項の価格の総額について予定価格を定めなければならなない。〔後略〕
2　〔略〕
（予定価格調書の作成）
第125条　予算執行者等は、予定価格及び最低制限価格が決定したときは、予定価格調書を作成しなければならない。また、予定価格調書は封かん及び封印の上、開札までの間厳重に保管しなければならない。
2・3　〔略〕

■ 見積執行通知、見積要領・仕様書の配布

　見積執行伺決裁後、選定業者へ見積りを依頼します。
・見積要領および仕様書の配布方法は、手渡しまたは郵送とします（各者平等の方法で配布）。
・見積日までに「見積書」の提出を求めます。

■ 複数の業者から見積書を徴取し確認

　見積書を徴取し、発注金額の相場や内容を確認をします。

- 見積書の書式は、業者側の任意の書式でかまいません（税抜金額がわかるよう依頼）。
- 二者の見積金額が同額の場合は、原則「くじ」を引かせて決定します（地方自治法施行令第167条の9を準用）。
- 予定価格の範囲内の見積提示がない場合は、最低見積額提示業者と協議をします。
  - → 協議成立　見積書を再徴取
  - → 協議不調（仕様変更、予定価格変更でやり直し）

▶▶ 担当課手続き──③契約締結・契約履行

■契約締結伺

契約締結伺を起案し、見積書を添付して決裁を受けます。

■契約書・請書の作成

契約締結伺決裁後直ちに、業者へ連絡し、契約書もしくは請書の作成を依頼します。

請書とは、業務の目的となる給付の内容・履行期限・契約金額その他必要な事項を記載した書類です。

契約内容により、下記の3つになります。
1. 契約書を作成
2. 契約書は省略し、請書でも可
3. 契約書・請書とも省略が可

図表5-7　契約書作成の省略（例）

契約の種類	契約金額	契約書の作成
工事又は製造の請負契約	130万円以下	請書でも可
工事又は製造の請負契約以外の契約	50万円以下	請書でも可
物品を購入する場合において、直ちに現品の検査ができるとき		契約書・請書とも省略可

■契約書の作成方法
・契約日は、契約締結伺（決裁日）と同日とします。
・件名や履行期間等は、業務依頼や仕様書等と統一します。
・契約書は、約款・仕様書・支払内訳書（必要な場合）・その他必要な書類を袋とじで2部作成し、表面と裏面に契印をします（押印は市と業者）。
・請書は、仕様書・支払内訳書（必要な場合のみ）・その他必要な書類を袋とじで1部作成し、表面と裏面に契印をします（押印は業者のみ）。
・収入印紙の確認をします（貼付するのは業者のみ、地方公共団体は印紙税法第5条第2号の規定により非課税）。

■契約履行

　　┌─────────────┐
　　│ 履行状況の確認 │
　　└─────────────┘
　　　　　↓
　　┌─────────────────┐
　　│ 業務完了報告等の受領 │
　　└─────────────────┘

・完了報告等に基づき、検査を充分に行い、契約内容の履行完了を確認します。

4 契約事務の法体系

▶▶ 契約に関する法体系

　契約の基本となる法律は「民法」ですが、地方自治法にも契約の内容が盛り込まれています。この場合は地方自治法が特別法という位置づけになりますので、地方自治法の規定が民法に優先されます。すべての内容が地方自治法に盛り込まれているわけではありませんので、その場合は一般法である民法の規定が適用になります。

　地方自治法施行令は、地方自治法の解釈に沿ったものをより具体的に定めたものです。地方自治法や地方自治法施行令の規定の中で、自治体の裁量に委ねられる（地方自治法を超えての規定は無効）場合があります。それが「条例」です。条例は、自治体の憲法といわれるもので、議会で議決されることが必要です。事務レベルの定めには、長が決定する「規則」、行政機関の内規である「要綱」「要領」などがあります。これらの制定には議会の議決は必要ありません。

　このように、契約事務は複数の法令や条規によって定められています。

▶▶ 契約の成立

　平成29年6月2日、民法の一部を改正する法律が公布されました。今回の民法の改正は制定以来、約120年ぶりの抜本改正となりました。改正民法は、平成32年（2020年）4月1日から施行されます。その内容の概要を紹介したいと思います。

■契約自由の原則の明文化

　今回の民法改正により、契約自由の原則が明文化されました。契約自由の原則（本書 P.146 – 147 参照）は、従来から契約の基本でありましたが、あらためて明文化されたということです。

> ■改正民法第521条
> 　（契約の締結及び内容の自由）
> 第521条　何人も、法令に特別の定めがある場合を除き、契約をするかどうかを自由に決定することができる。
> 2　契約の当事者は、法令の制限内において、契約の内容を自由に決定することができる。

> ■改正民法第522条（抜粋）
> 第522条　〔略〕
> 2　契約の成立には、法令に特別の定めがある場合を除き、書面の作成その他の方式を具備することを要しない。

　改正民法の条文に「法令に特別の定め」との記載がありますので、民法の規定があっても、法令（＝地方自治法など）で定めがある場合は、その定めに従うということになります。

▶▶ 契約の成立の時期

　これも従来から当然の原則であったものですが、契約の成立時期について、「申込み」（契約の内容を示してその締結を申し入れる意思表示）に対して相手方が「承諾」をしたときに成立することが定められました。

■改正民法第522条（抜粋）
第522条　契約は、契約の内容を示してその締結を申し入れる意思表示に対して相手方が承諾をしたときに成立する。
2　〔略〕

▶▶ 事例研究──長期継続契約の例

　さてここで、1つ事例を考えてみましょう。給食の調理に係る業務を長期継続契約とすることができるか、という事例です。

　このような判断をするにあたり、図表5－8の法体系に沿って考えます。そこで、まず法律である地方自治法の規定から見てみる必要があります。

　地方自治法（234条の3）で認められている内容は下記のとおりです。

① 　電気、ガス、水の供給
② 　電気通信役務の提供
③ 　不動産を借りる契約
④ 　その他政令で定める契約

　①～③には該当しませんので、④に該当するのはどういう契約であるかを見てみましょう。ここでいう政令は地方自治法施行令になります。地方自治法施行令（167条の17）では下記のとおりの規定になっています。

❶ 　翌年度以降にわたるもの
❷ 　物品の借り入れ又は役務の提供である契約
❸ 　契約の性質上、翌年度以降にわたる契約でないと事務に支障を及ぼす
❹ 　条例で定めるもの

図表5-8　契約に関する地方自治法等の規定（例）

地方自治法	地方自治法施行令	習志野市財務規則
9章　財務 6節　契約 234条（契約の締結） 234条の2（契約の履行の確認）	5章　財務 6節　契約 167条（指名競争入札） 167条の2（随意契約） 167条の3（せり売り） 167条の4～167条の10 　　（一般競争入札の参加者の資格）など 167条の11～167条の13 　　（指名競争入札の参加者の資格）など 167条の14（せり売りの手続） 167条の15（監督又は検査の方法） 167条の16（契約保証金）	7章　契約 1節　契約の方法 120条（一般競争入札参加者の資格） 121条（入札参加資格） 122条（入札の公告） 123条（予定価格の決定） 124条（最低制限価格の決定） 125条（予定価格調書の作成） 126条（入札保証金） 127条（入札の方法） 128条（入札の無効） 129条（再度入札） 130条（落札者の決定等） 131条（入札保証金の還付等） 132条（入札経過の記録） 133条～135条（指名競争入札の参加者の資格）など 136条～138条（随意契約）など 139条（せり売り） 140条～147条（契約書の作成）など 148条～156条（履行の監督）など
234条の3（長期継続契約）	167条の17（長期継続契約を締結することができる契約）	習志野市長期継続契約とする契約を定める条例 習志野市長期継続契約とする契約を定める条例施行規則

前記の❶～❹のすべてに該当する必要があります。すなわち、❶～❸に該当する場合であっても、自治体が条例を定めていなければ長期継続契約はできないことになります。

習志野市の条例では次のような規定となっています。

■習志野市長期継続契約とする契約を定める条例第2条（下線は筆者）
　（長期継続契約を締結することができる契約）
第2条　長期継続契約を締結することができる契約は、次に掲げる契約とする。
　(1)　物品を借りる契約であつて商慣習上複数年度にわたり契約を締結することが一般的であるもの及びその保守契約
　(2)　庁舎の管理、機械警備その他の規則で定める役務の提供を受ける契約であつて、翌年度以降にわたり継続的に当該役務の提供を受ける必要があり、かつ当該契約の履行のために機材若しくは備品の調達又は人材の確保を必要とするもの

　給食の調理の業務は、複数年による継続的な役務の提供を受けたほうが備品の調達や人材の確保が容易であると思います。ただ、条例の中で規則で定めるという規定があります。その規則（ここでは習志野市長期継続契約とする契約を定める条例施行規則）の規定は（規則で定める役務の提供）次のとおりです。

■習志野市長期継続契約とする契約を定める条例施行規則第2条
　（規則で定める役務）
第2条　条例第2条第2号の規則で定める役務は、次のとおりとする。
　(1)　庁舎の管理に係る業務
　(2)　機械警備に係る業務
　(3)　給食の調理に係る業務
　(4)　窓口等の受付又はこれらに付随する業務
　(5)　情報システムの利用、保守又は運用管理にかかる業務
　(6)　広報紙の作成に係る業務

　このことから、習志野市では給食に係る業務について長期継続契約をすることができるということになります。このように法体系に沿って判

断する必要があります。会計担当者はこのような法令などの読みこなしは必須です。例えば、給食の調理に係る業務は長期継続契約ができるとだけ覚えてしまうと本質的なことが見えなくなってしまいます。

　つまり、どういうことかというと、長期継続契約とは下記の条件をみたすものです。

① 　単年度会計の例外
② 　本来であれば次年度以降の支払なので債務負担行為が必要
③ 　債務負担行為を必要としないが毎年の予算の範囲内

　以上の①～③は地方自治法の規定です。
　その上で、地方自治法施行令の規定や条例などの規定を読み込んでいけばいいということになります。

　そこで、冒頭の事例への回答例としては次のようなものが考えられます。
　「給食の調理に係る業務の内容が役務の提供を受ける契約で、その契約の性質上翌年度以降にわたり契約を締結しなければ当該契約に係る事務の取扱いに支障をきたす場合であって、当該自治体において条例で定めのある場合は長期継続契約とすることができます。」
　ということになるでしょう。

第6章

公会計制度改革を知ろう

1 新公会計制度を理解しよう

▶▶ 複式簿記導入の経緯

　総務省の指導で自治体の会計制度が大きく変わろうとしています。この制度改革は、「新公会計制度」と呼ばれています。

　この新公会計制度により、自治体の財務体質が一目でわかるようになり、健全な自治体経営がいっそう可能になることが期待されています。ここでは、会計担当者が覚えておきたいことに焦点をあてて、この制度を説明していきたいと思います。

　この改革の法的な根拠といわれているのが、平成18年に成立した「簡素で効率的な政府を実現するための行政改革の推進に関する法律」です。法律名が長いことから「行政改革推進法」とか「行革法」と略されることも多いです。

　この法律の中でのポイントは、第62条第2項です。

■行政改革推進法第62条（抜粋）

第62条〔略〕
2　政府は、地方公共団体に対し、〔中略〕企業会計の慣行を参考とした貸借対照表その他の財務書類の整備に関し必要な情報の提供、助言その他の協力を行うものとする。

　ここでのポイントは、「企業会計の慣行」の「慣行」という部分です。これは、民間企業ではあたりまえになっている「複式簿記」を採用するということです。

すなわち今回の改革の大きな特徴は、いわゆる「企業会計」を導入したことです。

　したがって、公会計制度の内容を理解しようと思ったら、この「企業会計」の表面的な知識だけではなく、「会計の原点」をしっかり理解・把握する必要があります。その原点にあたるものが、「複式簿記」といわれるものです。

　しかし自治体は企業と異なり、利益の追求を本旨とするものではありません。例えば道路や下水道といったインフラは、公共資産という視点に立ち入って考察しなければなりません。単なる資産として簡単に売り買いできるものではないからです。

　「企業会計」を、こうした自治体的観点を考慮したものが「公会計」です。

　これからの会計担当職員の方に、少しでも「公会計」に馴染み、理解していただけるよう、「複式簿記」の要所を簡潔に解説したいと思います。できれば本格的な勉強をお勧めいたしますが、まずは「複式簿記」や「公会計」はどのようなものかを理解してもらえればと思います。

▶▶ 複式簿記の導入により期待される効果とは何か

　複式簿記については、本章「2　複式簿記の３つの基本ルールを覚えよう」で説明をしますので、ここではイメージとして理解していただければと思います。

　さて、「複式簿記には検証性がある」といわれています。また、資産の内容について、今まで見えにくかった「情報の見える化」が実現できるという効果があります。

　複式簿記では、車という資産の会計的管理を行うために、まず「固定資産台帳」に記録し、かつ、資産や負債を集計した「貸借対照表」という書類に記帳します。すなわち、取引の結果が固定資産台帳と貸借対照表の両方に記録されることになるのです。このことにより、資産の内容を含めて、毎年度検証することが可能になります

　一方、単式簿記の場合でも固定資産台帳を作成すれば同じだと思う方

もいるかもしれません。しかし、その固定資産台帳に記載した内容については、期間の経過により資産の目減り分を数値化した減価償却費の内容が反映できないというデメリットがあります。

複式簿記で記帳するということは、特に、将来にわたって使用する「資産」の場合には効果があらわれます。

▶▶ 複式簿記で不正経理は防げるのか

行政においては、不正経理の問題が指摘されることがあります。その要因のひとつは、現金主義会計による単式簿記にあるといわれています。

その背景には行政の会計制度の特殊性があります。

会計年度は「予算」と密接に結びついています。会計年度は発生主義の考え方をとっていますから、予算も発生主義を取り入れているともいえます。例えば、ある年度で予算措置された事業は、その年度の末日、つまり3月31日までに履行（検収）が求められています。すなわち、予算措置が物品の購入だとすると、この物品は3月31日までに納品する必要が生じます（4月1日に納品の場合は、新年度の対応になる）。その場合、実際に支払うのは翌年度になります。そうすると現金主義での処理では、新年度の処理になってしまいますから、「出納整理期間」を設けて、翌日の4月1日から5月31日までに支払うことができる制度を設けています。すなわち、会計年度が14か月あるということです。

しかし、このような出納整理期間が不正経理の要因となってもいるのです。夕張市の財政破たんのときに、この出納整理期間を利用した不適切な会計処理があったといわれています。

具体的な不正経理の事例としては、架空発注などで業者に現金をプールする「預け」、契約と異なる物品を納入する「差し替え」、年度内の納品を装い実際には年度を超える「翌年度購入」、前年度に納入された物品を現年度に調達したとして装う「前年度納入」などが挙げられます。しかしこれらの不正経理は、出納整理期間の制度を廃止し、物品が納品されたときに取引を認識し、代金の支払いが後日であれば未払金という処理をする複式簿記を導入することにより、減少するものと考えられます。

▶▶「発生主義」「現金主義」とは何か

「発生主義」とは、現金の収支がない場合でも将来の経済的価値に着目して「費用」や「収益」を計上する会計基準のことをいいます。

一方、「現金主義」とは、現金の収支が実際に発生したときに「収入」や「支出」を計上することをいいます。

また、発生主義では「収益」と「費用」といい、現金主義では「収入」と「支出」という言い方を用います。

車を100万円で購入したケースで説明します。例えば、この車が5年間使用できる（＝耐用年数という）として、仮に、この車で毎年30万円の収益が出る商売をしていると仮定してみましょう。現金主義だと、1年目は収入30万円、支出100万円で差引70万円の赤字になります。しかし、2年目から5年目は毎年、30万円の黒字ということになります。現金主義での1年目では、70万円の赤字になります。しかしこの数字からは、正しい経営判断ができないのはおわかりいただけると思います。

一方、発生主義なら、5年間とも収益30万円で費用20万円となり差引10万円の黒字ということがわかります。

このように発生主義の特性は適正な期間損益計算を行うことができるということです。

▶▶「発生主義会計」に期待される効果とは何か

先ほどの車で商売を行う事例で、発生主義会計の意義はおわかりいただけたと思います。

企業は発生主義により黒字なら税金を支払いますが、自治体は赤字でも黒字でも税金を支払う必要がないことから、どうしても発生主義の考え方が理解されてきませんでした。ただこれからは、自治体も経営判断が必要になってくるのです。

現金主義会計で商売をやる場合、利益操作が簡単にできてしまうという欠点を持っています。

例えば当該年度に100万円の利益が出そうなときに、来年度に売り上げる予定の商品を当該年度に100万円分仕入れたとします。すると利益は0ということになりますが、現金主義だと利益がないため税金を払わないのでいいという考え方になってしまいます。この点、発生主義だと、仕入れた商品は費用で処理するのではなく、商品という資産として計上され次年度に繰り越されます。次年度は、その年度に売り上げた商品の分だけ費用として処理する、という考え方になります。

　発生主義に期待される効果としては、行政の場合だと、使用料収入などの算定に、減価償却費などを含めたフルコストでの算定が可能となることです。

　今までの現金主義では、例えばテニスコートの使用料などは、毎年度の人件費や修繕費などの経常的な経費を、使用料の算定の基礎としています。

　発生主義であれば、テニスコートの造成費やクラブハウスの建物、備品などの支出経費、土地の購入費（仮に土地を市が所有していなければ所有者からの固定資産税の収入がある。また、借入金で購入したならば、その利子も経費に算入する必要がある）なども考慮することにより、適正な受益者負担による使用料の算定が可能となります。

　このように発生主義では、事業別や施設別のコストを算定することにより、事業の継続性の判断や施設の更新費用などの情報を住民に提供できるという利点があります。

▶▶ 「企業会計」と「公会計」の違いとは何か

　ここまできて、複式簿記とはどういうものであるかが、おわかりいただけたと思います。

　企業では、この発生主義を取り入れた複式簿記の会計システムを「企業会計」と呼んでいます。対して自治体では、この複式簿記のルールを導入した会計システムを「新公会計」と呼んでいます。

　したがって、同じ複式簿記を導入した「企業会計」と「公会計」は兄弟といえるでしょう。しかし兄弟といっても、それぞれに個性があっ

て、その内容には若干違いがみられます。ではその違いとは何なのでしょう。

　企業会計と公会計の違いとして、次のようなことが指摘されています。

①目的が「利益の追求」か「住民の福祉の増進」か

　民間企業は、利益の追求が目的であり、自治体は住民の福祉の増進が目的です。民間企業の利益は、金銭的な価値すなわちお金が儲かったかどうかということで、その効果がわかりやすいのです。しかし、自治体の目的は福祉の増進です。例えば、福祉サービスに要した経費は算定が可能ですが、その目的である福祉サービスの効果（住民満足度）は、客観的に判断しにくいという難点があります。

②「支出」に関する柔軟性

　民間企業は、経営判断により柔軟に費用の支出が可能ですが、自治体は予算の範囲での支出しかできません。この理由として、民間企業は決算（事後）の承認、すなわち利益獲得の結果に対する説明責任は株主総会の承認によって得ています。一方、自治体は議会での承認が前提条件です。すなわち承認された予算（事前）の適正な執行が求められているのです。

③「収入」と「支出」の因果関係

　民間企業は、売上などの利益とそれに対応するための仕入などの経済活動には直接的な関係がありますが、自治体はその主たる税収による収入と個別の行政活動には直接的な関係がありません。特に住民福祉のための福祉的な金銭的給付などは、給付を受けた住民に対して行政は見返りを求めないので、民間企業のような直接的な関係がないといえます。

④資産の売却可否

　民間企業の資産は売却が可能ですが、自治体の場合は、道路や下水道設備といった売却できないインフラ資産を多く有しています。特に、自

治体の資産の大部分は、公共施設で占められています。このことから、将来の更新費用を算出する資料として、資産の把握をして複式簿記により作成される固定資産台帳が重要となっています。

▶▶ 公会計特有の会計処理と考え方

　ここで勘違いをしてほしくないことは、「現行の現金主義会計は継続する」ということです。

　では、現金主義会計は継続しているのに、発生主意義会計はなんのために導入するのでしょうか。それは、現行の会計制度の補完としての位置づけだからです。

　「日本国憲法」の規定と財政の基礎法である「財政法」（昭和22年法律第34号）を紹介します。日本国憲法第85条において、「国費を支出し、又は国が債務を負担するには、国会の議決に基づくことを必要とする」と規定されています。

　「国費を支出」とは、どういうことなのでしょうか。

　財政法第2条第1項には、「支出とは、国の各般の需要を充たすための現金の支払をいう」との規定があります。これが「国費を支出」ということです。このことから、現金主義に基づく現在の会計制度は、日本国憲法の要請であるといわれています。

　この考え方は自治体でも同じです。すなわち、当該年度の住民からの税金について、予算に従った適切な執行を行い、その説明責任を果たす点では適した制度です。

　すなわち、当該年度の住民税はどのくらいで、その使い道をどうするかは、住民の代表である議員で構成する議会で承認を得るのです。さらには、決算という形で議会に報告することは、今後も必要なことはいうまでもありません。

▶▶ 現行制度の事案と簿記上の取引

発生主義会計のデータは、現行制度の補完だということは説明しましたが、この補完部分のデータは、どのような情報から収集するのかをここで説明します。このあたりが理解できないと、「複式簿記は難しい」ということになってしまいます。

▶▶ 車両購入の事例

それでは具体的に、公会計の処理の流れを車両購入の例に沿って見てみましょう。

図表6-1　車両購入に伴う事務フロー（例）

番号	事案	関係書類	簿記上の取引
①	予算要求	仮見積 市場価格の調査	
②	予算成立（議会で承認）	予算書に掲載	
③	購入業者の決定	複数業者の見積書を徴取	
④	購入業者との契約	契約書の締結	
⑤	車両の発注	支出負担行為	
⑥	車両の納車	納品書（履行の確認）	○
⑦	請求書の受理	支出命令決議書	
⑧	業者への支払い	公金支払いの書類 〔出納担当課〕	○
⑨	備品台帳に登載	備品台帳〔所管課〕	

①予算要求

車両の購入をする場合は、どのような車を購入するのか、いくらぐらいの予算が必要なのかを調べます。そのために業者から仮見積書を徴します。必要に応じて市場価格の調査なども行います。

②予算成立

車両の購入金額が決定したら、財政当局に予算要求を行います。その

車両が来年度以降の事業に必要なのか、車両の金額は適正なのか、普通自動車ではなく軽自動車で対応できないのか、リースで借りた場合と比較するとどうか、など厳しい予算査定を経て、最終的に議会で予算案が承認される必要があります。

③購入業者の決定

予算が成立した年度において、具体的な購入の手続きに入ります。予算は金額的な車両価格の上限ということになります。ここで、購入予定が認められた車両の仕様書の要件を満たす車両について、複数の業者から見積もりを徴します。

④購入業者との契約

見積金額の一番安い業者と車両購入の契約を締結します。

⑤車両の発注

契約日の日付で、車両購入の「支出負担行為」という伝票の起票を行います。これは、車両を購入してよいかという決裁を得ることです。ここで、正式に購入業者に車両購入の発注を行うことができます。

⑥車両の納車

車両の納車を確認します。物品などは納品書、工事などは履行の確認ということになります。このときに簿記上の取引として認識されます。代金が未払いの場合は下記のように示します。

(借方) 車両　×××　　　(貸方) 未払金×××
　　　〔資産の増加〕　　　　　　〔負債の増加〕

⑦請求書の受理

納車後、購入業者から請求書を受理します。

⑧業者への支払い

業者の指定口座に振り込み等の処理をします。このときに簿記上の取

引として認識されます。代金が未払いの場合は下記のように示します。

　（借方）未払金×××　　　（貸方）現金預金×××
　　　〔負債の減少〕　　　　　　〔資産の減少〕

⑨**備品台帳に登載**

　所管課にて購入年月日、購入金額などを備品台帳に記載します。

　上記の一連の流れの中で、簿記の仕訳が必要なのは「⑥車両の納車」と「⑧業者への支払い」ということになります。

新公会計制度の目的（まとめ）

　新公会計制度の目的を2つ挙げます。
　まず1点目は、「説明責任の履行」です。これは、住民や議会、外部に対する財務情報のわかりやすい開示ということになります。
　2点目は、「財政の効率化・適正化」です。これは、財政運営や政策形成を行うための基礎資料として、資産・債務管理や予算編成、政策評価等に有効に活用するということです。
　この目的を達成するために、総務省は平成27年1月23日に大臣通知「統一的な基準による地方公会計の整備促進について」ですべての自治体に地方公会計整備についての強い要請を行いました。以下の3つがポイントなります。

①**発生主義・複式簿記の導入**
②**固定資産台帳の整備**
③**比較可能性の確保**

　最終的な効果としては以下のことが期待されます。
①資産・負債（ストック）の総体の一覧的把握
　→資産形成に関する情報（資産・負債のストック情報）の明示
②発生主義による正確な行政コストの把握

→見えにくいコスト（減価償却費、退職手当引当金などの各種引当金）の明示
③公共施設マネジメント等への活用
→固定資産台帳の整備等により、公共施設マネジメント等への活用が可能

　これらのことを踏まえて、新公会計制度が必要になった理由を理解してもらえればと思います。
　新公会計制度を理解するためには、総務大臣通知を熟読することをお勧めします。なぜなら、総務省からの通知は「局長通知」や「課長通知」が一般的であり、「大臣通知」は稀であり、重要だといえます。公会計改革に対して2度ほど大臣通知がありました。その意味からもその大臣通知を紹介したいと思います

■**今後の地方公会計の整備促進について**
　平成26年5月23日付　総財務第102号　総務大臣通知
　（参考資料）
　・今後の新地方公会計の推進に関する報告書概要等
　・地方公会計システムの構築について（イメージ）

■**統一的な基準による地方公会計の整備促進について**
　平成27年1月23日付　総財務第14号　総務大臣通知
　（参考資料）
　・統一的な基準による地方公会計マニュアル（概要）
　・統一的な基準による地方公会計の整備に係る支援

複式簿記の3つの基本ルールを覚えよう

▶▶ ルール1:複式簿記は二面的な記録を行う

複式簿記の二面的な記録ができる点について説明します。

図表6-2の車を100万円で購入した事例で詳しく見てみましょう。100万円の車を購入した場合、現行の単式簿記(=官庁会計)では、100万円の現金のマイナスのみを記帳します。お金がマイナスになった理由と公用車を購入したという事実は台帳等に記録されるのですが、100万円の車というプラスの資産の情報は会計の帳簿上には記録されません。ここで会計の帳簿に記録されないということが単式簿記のポイントになります。

一方、複式簿記の場合は「100万円の車という資産」のプラスと「現金100万円」のマイナスという2つの情報が会計の帳簿に記録されます。これが二面的な記録を行うという意味です。

図表6-2　二面的な記録

例..車を100万円で購入	単式簿記	
	・現金100万円という資産のマイナス	⇒ 100万円の支出のみ把握
	複式簿記	
	・車という資産のプラス	⇒ 100万円の資産
	・現金100万円という資産のマイナス	⇒ 100万円の支出

簿記の実務では、二面的に記録することを「仕訳」といいます。図表6−3を見てください（よく間違いやすいが、事業仕分けの「仕分け」ではない）。仕訳の例を挙げてみましょう。

例えば、仕訳①「銀行から現金を借り入れた」場合には、Ⓐ現金という資産が増えたということ、そしてⒷ銀行に対して借金をした、すなわち負債が増加したという2つの面から記録をするのです。

また、仕訳②「使用料を現金で受け取った」場合ではどうでしょうか。まず、Ⓐ使用料分の現金が増えたということと、Ⓑ使用料収入を得たという2つの面から記録します。

銀行からの現金借入も、使用料としての現金収入も、いずれも「現金が増えた」ということは同じです。違うのは、「どうして現金が増えたのか」ということです。前者は銀行に借金をしたからですね。後者は使用料という収益を得たからですね。このことからもわかるのですが、複式簿記における2つの面というのは、「原因」と「結果」を表すともいわれています。

この2つの事例は現金が増えたという結果は同じですが、原因（内容）は全く違うということが理解できると思います。

図表6−3　取引事例（仕訳）

仕訳：取引を2つの面から記録すること

	Ⓐ		Ⓑ
現金が増えた（資産の増加） ← 仕訳①	銀行から現金を借り入れた	＋	借金が増えた（負債の増加）
← 仕訳②	銀行から現金を受け取った	＋	使用料を得た（収益の増加）

▶▶ ルール2：5つの要素に分類する

図表6−3の取引事例のように、複式簿記では取引を2つの面から記録するのですが、ここで記録するにあたって覚えておきたいルールがあ

ります。

それは、「取引の内容を5つの要素に分類する」ということです。つまり、その5つの要素が増えたか減ったかを記録するということです。要素は、「費用」「収益」「資産」「負債」「純資産」の5つのグループに区分します。

5つのグループの内容は図表6－4を参照してもらえればわかると思います。

図表6－4　取引内容の5つの要素

費用のグループには、仕入(売上原価)・給料・光熱水費・支払利息・通信費・消耗品費・固定資産売却損などが属します。

収益のグループには、売上・受取利息・受取手数料・受取家賃・固定資産売却益などが属します。

資産のグループには、現金・建物・車両・備品・土地・貸付金などが属します。

負債のグループには、借入金・社債・未払金などが属します。

純資産のグループには資本金などが属します。

例えば同じ「支出」でも、消耗品費は「費用」で、車両は「資産」です。簿記の知識がなくても、なんとなく理解ができるのではないでしょうか。

▶▶ ルール３：貸借対照表（BS）と損益計算書（PL）に分類する

次に覚えてほしいルールは、先ほど５つのグループに分けたものを貸借対照表と損益計算書に分類することにします。分類後は図表６－５のようになります。

貸借対照表は「バランスシート」、「BS」（Balance Sheet）の略とも呼ばれます。貸借対照表の左側は「資産」、右側は「負債」となります。「資産」から「負債」を差し引いたものが「純資産」になります。貸借対照表には資産と負債が記録されていることから、すなわち、ストック情報が記録されているといえます。

損益計算書は「PL」とも呼ばれています（『Profit and Loss statement』の略）。この計算書は、会計期間中の費用と収益を集計したもので、フロー情報とも呼ばれています。

これらBSとPLを作成するにあたり、取引を「仕訳」として整理していきます。作成方法の手順はここでは省略しますが、先ほど説明した５つの要素がこのBSとPLの中にあることを確認してもらえればと思います。

複式簿記の仕訳から財務諸表の作成の簿記の知識を覚えていただくことは望ましいです。最低限覚えてもらいたいのは、複式簿記の基本原則である「取引を２つの面」から記録し、「５つの要素」に分類し、その結果として「貸借対照表」と「損益計算書」が作成されるということです。

図表６－５　BSとPL

貸借対照表

借方	貸方
資産 ・現金 ・建物 ・車両 ・備品 ・土地 ・貸付金 など	負債 ・借入金 ・社債 など 純資産 ・資本金 など

損益計算書

借方	貸方
費用 ・仕入（売上原価） ・給料 ・光熱水費 ・支払利息 ・通信費 ・消耗品費 ・固定資産売却損 など	収益 ・売上 ・受取利息 ・受取手数料 ・受取家賃 ・固定資産売却益 など

3. 新公会計制度の財務書類の見方

▶▶ 新公会計制度の財務書類とは

　新公会計制度の財務書類とは、総務省から示された統一的な基準に基づいて作成される財務書類のことです。この財務書類は、「貸借対照表」「行政コスト計算書」「純資産変動計算書」および「資金収支計算書」の4表または3表（行政コスト計算書と純資産変動計算書とを結合した場合）です。企業会計との対比を含めた財務書類の概要は図表6-6のとおりです。

図表6-6　財務書類の概要

統一的な基準での名称	企業会計での名称	略称	内容
貸借対照表	貸借対照表	BS (Balance Sheet)	基準日時点における財政状態（資産・負債・純資産の残高および内訳）を表示したもの
行政コスト計算書	損益計算書	PL (Profit and Loss statement)	一会計期間中の費用・収益の取引高を表示したもの
純資産変動計算書	株主資本等変動計算書	NW (Net Worth statement)	一会計期間中の純資産（およびその内部構成）の変動を表示したもの
資金収支計算書	キャッシュ・フロー計算書	CF (Cash Flow statement)	一会計期間中の現金の受払いを3つの区分で表示したもの

財務書類4表の役割と関係

財務書類4表は、それぞれの役割が明確に分かれている一方で、図表6-7を見てもらえばわかると思いますが、互いに密接に連携しています。

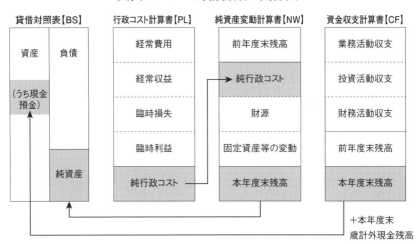

図表6-7　財務書類の関係図

この関係図を簡単に説明すると、図表6-5で説明した貸借対照表と図表6-7のうちの貸借対照表は同じものです。貸借対照表は「資産」と「負債」と「純資産」から構成されています。この中の内訳として、資産の中の現金預金に着目した現金預金の流れの内訳書が「資金収支計算書」であり、純資産の流れの内訳書が「純資産変動計算書」です。これらは、自治体にとって「現金預金」と「純資産」は重要であるとの認識で作成されることになりました。つまり資金収支計算書は、官庁会計の決算書と同じようなものです。

行政コスト計算書は、図表6-5で説明した損益計算書のことなのですが、自治体特有の会計の考え方があるので「行政コスト計算書」と呼んでいます。本来、損益計算書は「損」と「益」を集めた内容ですが、自治体の「益」にあたるものは、住民からの税収や国や県からの補助金

などです。このような「益（＝収入）」は住民からの出資であると考えて、貸借対照表の純資産を増加させる処理となっています。このことから、損益計算書ではなく、「行政コスト計算書」となっていることを理解していただければと思います。

■貸借対照表（略称：ＢＳ）

貸借対照表は、基準日（3月31日）時点における財政状況を明らかにするもので、「資産」「負債」「純資産」の3つの要素から構成されています。

左側に住民の財産や権利など将来にわたる様々な行政サービスを提供する「資産」の記載があります。

右側には資産の取得の財源となった借入金などで将来の世代が返済することとなる「負債」、国や県からの補助金や住民税などにより今までの世代が負担し、返済の必要がない「純資産」として記載されています。

■行政コスト計算書（略称：ＰＬ）

自治体の行政活動は将来の世代も利用できる資産の形成だけでなく、人的サービスや給付サービスなど、資産形成につながらない行政サービスも提供しています。

行政コスト計算書は、会計期間中の業績、つまり、1年間の行政サービスに費やされたコスト（費用）と収益の取引高を明らかにするものです。現行の会計では捕捉できなかった減価償却費など非現金コストについても計上しています。

■純資産変動計算書（略称：ＮＷ）

純資産計算書は、会計期間中の貸借対照表の純資産の変動を明らかにするものです。すなわち貸借対照表の純資産の前年度末の残高と本年度末の残高と期中の増加および減少、それぞれの額を表しています。

■資金収支計算書（略称：ＣＦ）

　資金収支計算書は、会計期間中の現金預金の収支の状態、すなわち現金預金の利用状況および資金の獲得能力を明らかにするものです。前年度末の残高と本年度末の残高と期中の増加および減少、それぞれの額を表しています。現行の現金主義会計の決算に近い書類となります。

　４つの財務書類の関連性には３つのポイントがあります。

①貸借対照表【ＢＳ】の現金預金は資金収支計算書【ＣＦ】の本年度末残高と本年度末歳計外現金残高を加えた金額と対応します。
②行政コスト計算書【ＰＬ】の純行政コストは純資産変動計算書【ＮＷ】の純行政コストと対応します。
③貸借対照表【ＢＳ】の純資産は純資産変動計算書【ＮＷ】の本年度末残高と対応します。

　この財務書類４表のほかに「注記」および「附属明細書」の作成が求められています。その内容は次のとおりです。

■注記
１．重要な会計方針
２．重要な会計方針の変更等
３．重要な後発事象
４．偶発債務
５．追加情報

■附属明細書
１．貸借対照表の内容に関する明細
　(1)資産項目の明細
　　　①有形固定資産の明細
　　　②有形固定資産の行政目的別明細
　　　③投資及び出資金の明細
　　　④基金の明細

⑤貸付金の明細
　　　⑥長期延滞債権の明細
　　　⑦未収金の明細
　(2)負債項目の明細
　　　①地方債（借入先別）の明細
　　　②地方債（利率別）の明細
　　　③地方債（返済期間別）の明細
　　　④特定の契約条項が付された地方債の概要
　　　⑤引当金の明細
2．行政コスト計算書の内容に関する明細
　(1)補助金等の明細
3．純資産変動計算書の内容に関する明細
　(1)財源の明細
　(2)財源情報の明細
4．資金収支計算書の内容に関する明細
　(1)資金の明細

　財務書類の中でも、資産の情報がわかる「貸借対照表（バランスシート）」をまず理解する必要があります。理解のコツとしては、財務書類4表⇒附属明細書⇒注記と大局的に押さえてから詳細の内容の理解に努めることがよいでしょう。

4. 財務分析に必要な指標を理解しよう

▶▶ 分析にあたり押さえること

　財務分析は、住民に対する説明責任をより果たすとともに、財政の効率化・適正化につなげていくためにも必要です。

　分析をするにあたり、一般会計等の財務書類4表（貸借対照表・行政コスト計算書・純資産変動計算書・資金収支計算書〔附属明細書も含む〕）および決算カードの数字で説明をしていきます。

　皆さんの所属する自治体で財務書類4表と附属明細書を公表している場合は、その数字で確認してください。なお、これらの書類をホームページ等で公開していない自治体もありますので、その場合は財務書類を作成している財政課や会計課で確認してください。

　指数の平均的な数値は、今後公表されると思いますが、そのような全体の動向に注視していく必要があります。

　総務省の「統一的基準による地方公会計マニュアル」（平成28年5月改訂）の「財務書類等活用の手引き」の概要を紹介します。

▶▶ ①将来世代に残る資産はあるのかを分析してみよう

　少子高齢化により、多くの自治体が人口減少時代を迎えていきます。
　そのような状況の中で住民は、「将来世代に学校や公民館などの公共施設や道路や公園などのインフラ施設を残していけるのだろうか？」と心配していると思います。このことについては、将来世代に残る「資産」はあるのかという観点で財務分析をし、検証していきたいと思います。

■住民一人当たりの資産額

　貸借対照表の資産合計額を住民基本台帳人口で除して住民一人当たりの資産額とすることにより、住民等にとってわかりやすい情報となります。

参照する書類	参照箇所（説明）
貸借対照表	資産合計額
決算カード	住民基本台帳人口

計算式…資産合計額÷人口

■有形固定資産の行政目的別割合

　有形固定資産の行政目的別（生活インフラ・国土安全、福祉、教育等）の割合を算出することにより、行政分野ごとの社会資本形成の比重の把握が可能となります。これを経年比較することにより、行政分野ごとに社会資本がどのように形成されてきたかを把握することができ、また、類似団体との比較により資産形成の特徴を把握し、今後の資産整備の方向性を検討するのに役立てることができます。

参照する書類	参照箇所（説明）
附属明細書	有形固定資産行政目的別明細

■歳入額対資産比率

　当該年度の歳入総額に対する資産の比率を算出することにより、これまでに形成されたストックとしての資産が、歳入の何年分に相当するのかを表し、自治体の資産形成の資産形成の度合いを測ることができます。

参照する書類	参照箇所（説明）
貸借対照表	資産合計額
資金収支計算書	歳入額 （業務収入＋投資活動収入＋財務活動収入＋前年度末資金残高）

計算式…資産合計額÷歳入額×100

■有形固定資産減価償却率(資産老朽化比率)

　有形固定資産のうち、償却資産の取得価額等に対する減価償却累計額の割合を算出することにより、耐用年数に対して資産の取得から、どの程度経過しているのかを把握することができます。

参照する書類	参照箇所(説明)
貸借対照表	有形固定資産(取得価額等・減価償却累計額)

計算式…減価償却累計額÷(償却資産の取得価額等)×100

■純資産比率

　純資産の変動は、将来世代と現世代との間で負担の割合が変動したことを意味します。純資産の減少は、将来世代にも利用可能だった分を現世代が費消し、その負担が将来世代に先送りされたことを意味します。

参照する書類	参照箇所(説明)
貸借対照表	資産合計額・純資産合計額

計算式…純資産合計額÷資産合計額×100

■住民一人当たり負債額

　貸借対照表の負債合計額を住民基本台帳人口で除して住民一人当たりの負債額とすることにより、住民等にとってわかりやすい情報となります。

参照する書類	参照箇所(説明)
貸借対照表	負債合計額
決算カード	住民基本台帳人口

計算式…負債合計額÷人口

■基礎的財政収支（プライマリーバランス）

　資金収支計算上の業務活動収支（支払利息支出を除く）および投資活動収支の合計額を算出することにより、地方債等の元利償還額を除いた歳出と、地方債等発行収入を除いた歳入のバランスを示す指標となり、当該バランスが均衡している場合には、経済成長率が長期金利を下回らない限り経済規模に対する地方債等の比率は増加せず、持続可能な財政運営であるといえます。

参照する書類	参照箇所（説明）
資金収支計算書	業務活動収支（支払利息支出を除く）、投資活動収支
財務書類についての注記	追加情報⇒基礎的財政収支

計算式…業務活動収支（支払利息支出を除く）＋投資活動収支

■地方債の償還可能年数

　地方債を、経常的に確保できる資金である、業務活動収支（臨時収支分を除く）の黒字額で返済した場合に、何年で返済できるかを表す指標で、「借金である地方債が多いのか、少ないのか」「返済能力があるのか」を見ます。地方債残高が増加すると、地方債の償還可能年数が上昇します。「地方債残高」については、地方債残高等（退職手当引当金等を含む）から充当可能基金等を控除した実質的な債務として「債務残高」を用いる考え方もあります。

参照する書類	参照箇所（説明）
貸借対照表	地方債、1年内償還予定地方債
資金収支計算書	業務収入、業務支出

計算式…（地方債＋1年内償還予定地方債）÷（業務収入−業務支出）

▶▶ ②行政サービスが効率的に提供されているかを確認しよう

　行政サービスが効率的に提供されているのかについても、住民等の関心が高い指標です。そもそも効率性は、自治体は、その事務を処理するにあたっては、住民の福祉の増進に努めるとともに、最少の経費で最大の効果を挙げるようにしなければならないという地方自治法（第2条第14項）の理念でもあります。

　行政サービスの効率性については、多くの自治体で取り組んでいる行政評価などで、個別に分析が行われています。しかしながら、このような分析は現金主義におけるコスト（支出）分析であるといえます。発生主義から作成された行政コスト計算書は、自治体の行政活動に係る人件費や物件費等を含むフルコストとして表示するものであり、行政サービスの効率化を目指す際に不可欠な情報を一括して提供するものです。

　行政コスト計算書においては、住民一人当たりの行政コストや性質別・目的別行政コストといった指標を用いることによって、効率性の度合いを定量的に測定することが可能となります。

参照する書類	参照箇所（説明）
行政コスト計算書	純経常行政コスト（純行政コスト）
決算カード	住民基本台帳人口

　行政コスト計算書で算出される経常的なコストである純経常コストを住民基本台帳人口で除して住民一人当たり純経常行政コストとすることにより、自治体の行政活動の効率性を測定することができます。一方、純経常行政コストではなく、臨時損益を加えた純行政コストで分析する考えもあります。

計算式…純経常行政コスト÷人口

▶▶ ③あらたな資産を持つ余裕があるのかを確認しよう

あらたな資産を持つ余裕があるのかということは、つまり、当該自治体がインフラ資産の形成や施設の建設といった資産形成を行う財源的な余裕度がどのくらいあるのかを示すものです。

■純経常コスト対財源比率

財源に対する純経常行政コストの比率をみることで、どれだけの資産形成が当年度の負担で賄われたかがわかります。比率が100％を下回っている場合は、翌年度以降へ引き継ぐ資産が蓄積されたことを表します。逆に、比率が100％を上回っている場合は、過去から蓄積した資産が取り崩されたか、または翌年度以降の負担が増加したことを表します。家計で例えれば、生活費が足りない場合は、貯金を取り崩すか、借金をするかということです。

参照する書類	参照箇所（説明）
行政コスト計算書	純経常行政コスト
純資産変動計算書	財源

計算式…純経常行政コスト÷財源×100

▶▶ ④受益者負担の水準はどうなっているのかを確認しよう

受益者負担の水準とは、歳入（ここでは経常収益とする）はどのくらい税収等で賄われているかということを表すものです。

行政コスト計算書において使用料・手数料などの受益者負担の割合を算出することが可能であるため、これを受益者負担水準の適正さの判断指標として用いることができます。

■受益者負担の割合

行政コスト計算書の経常収益は、使用料・手数料など行政サービスに係る受益者負担の金額であり、これを経常費用と比較することにより、

行政サービスの提供に対する受益者負担の割合を算出することができます。

　一般会計等での受益者負担の割合は低くなるのが一般的です。しかし、病院・ガス・上下水道事業などは、通常の行政サービスと異なり、受益者負担の数値が高くなることに注意が必要です。

　行政サービスを提供するために発生したコストを税収等で賄うことができれば問題はありませんが、今後、長期的には税収の減少傾向がみられるなかで、持続的に行政サービスを提供していくには、受益者に応分の負担を課していく必要があることも検討しなくてはいけません。

参照する書類	参照箇所（説明）
行政コスト計算書	経常費用、経常収益

計算式…経常収益÷経常費用×100

　指標は、人間の健康診断の数値と同じようなものといえます。まずは数値の意味を理解することが必要です。

　その上で、自治体の規模や状況によって健康な数値は異なってくるということも併せて理解しましょう。

公会計についてもっと理解したい方のための参考図書

【著書：宮澤正泰　発行所：第一法規】

○公会計が自治体を変える！―バランスシートで健康チェック
　⇒公会計の全体像を解説
○公会計が自治体を変える！Part 2―単式簿記から複式簿記へ
　⇒複式簿記への変換方法を解説
○公会計が自治体を変える！Part 3―財務データの分析は行政改革の突破口
　⇒データの分析および活用方法の解説
○自治体議員が知っておくべき新地方公会計の基礎知識
　⇒自治体議員・職員のための入門書

●著者紹介

宮澤　正泰（みやざわ・まさやす）

株式会社システムディ公会計ソリューション事業部顧問。宮澤公会計研究所代表。政府会計学会（JAGA）会員。元千葉県習志野市会計管理者。地方監査会計技能士。1級ファイナンシャル・プランニング技能士。宅地建物取引士。いままでに総務省「地方公営企業法の適用に関する調査研究会」委員及び「地方公共団体における固定資産台帳の整備等に関する作業部会」委員、「今後の新地方公会計の推進に関する実務研究会」サブメンバー、「地方公会計の活用の促進等に関する研究会」委員、財務省「公共部門のマネジメントに関する研究会」委員、東京都江東区「外部評価委員会」委員、日本公認会計士協会「公会計委員会　地方公会計・監査検討専門部会」オブザーバー、NPO法人日本FP協会千葉支部副支部長などを務める。一般社団英国勅許公共財務日本支部（CIPFA Japan）から2016年度MITSUNO AWARDを地方公会計教育への貢献により受賞。

自治体の会計担当になったら読む本

2018年9月20日　初版発行
2024年4月12日　6刷発行

著　者　宮澤正泰（みやざわまさやす）
発行者　佐久間重嘉
発行所　学陽書房

〒102-0072　東京都千代田区飯田橋1-9-3
営業部／電話　03-3261-1111　FAX　03-5211-3300
編集部／電話　03-3261-1112
http://www.gakuyo.co.jp/

ブックデザイン／佐藤　博　　DTP制作／ニシ工芸
印刷・製本／三省堂印刷

Ⓒ Masayasu Miyazawa, 2018, Printed in Japan
ISBN 978-4-313-12118-8　C2033
※乱丁・落丁本は、送料小社負担にてお取り替え致します。

JCOPY　〈出版者著作権管理機構　委託出版物〉
本書の無断複製は著作権法上での例外を除き禁じられています。複製される場合は、そのつど事前に、出版者著作権管理機構（電話03-5244-5088、FAX03-5244-5089、e-mail: info@jcopy.or.jp）の許諾を得てください。

◎学陽書房の本◎

むずかしい仕事の、大事なことだけがわかる！
いちばんやさしい自治体会計の教科書。

この1冊は、本当に必要なことだけを
覚えやすいイラストでやさしく解説。
大変な業務にくじける前に、必読の1冊！

はじめての自治体会計0からBOOK

宮澤正泰 [著]
Ａ５判並製／定価＝本体1,900円＋税

◎学陽書房の本◎

難解な公会計のテーマを、「読む」よりも「見てわかる」で表現した図解入門!

公会計とは何か、最低限知っておくべきことは何か、
通常業務とどう関係するのか、できあがった会計情報をどう使うか、
やさしい解説で、会計の知識がなくても自治体公会計がわかる!

図解 よくわかる自治体公会計のしくみ

柏木 恵・天川竜治 [著]
Ａ５判並製／定価＝本体 2,500 円＋税

◎学陽書房の本◎

自治体の財政担当に向けて、
最低限知っておくべき実務の考え方・進め方を解説。

制度の基礎知識だけでなく、上司・同僚・事業課との交渉のポイント、仕事への向き合い方など、財政担当としての心得や仕事術も紹介。初心者にもベテランにも必ず役立つ、担当者必携の1冊。

自治体の財政担当になったら読む本

定野 司［著］
Ａ５判並製／定価＝本体 2,500 円＋税